내 손 안의 경남 *016*

경남의
세계유산

내 손 안의 경남 **016**

경남의 세계유산

초판 1쇄 발행 2024년 2월 28일

저 자 _남재우· 김의중· 조신규· 양화영· 안홍좌· 김동연
　　　　김광철· 고영훈· 김연진· 안순형· 이호열· 신은제
펴낸이 _윤관백
편 집 _박애리▌표 지 _박애리▌영 업 _김현주
펴낸곳 _도서출판 선인▌인 쇄 _신도문화사▌제 본 _바다제책
등 록 _제5-77호(1998.11.4)
주 소 _서울시 양천구 남부순환로48길 1, 1층
전 화 _02)718-6252/6257▌팩 스 _02)718-6253
E-mail _suninbook@naver.com
정 가 15,000원

ISBN 979-11-6068-861-0 03900

·저자와의 협의에 의해 인지 생략.
·잘못된 책은 바꿔 드립니다.

내 손 안의 경남 016

경남의 세계유산

김의중·조신규·양화영
김동연·고영훈 외 7인

지난해 9월 가야고분군 7곳이 세계유산으로 등재되었다. 그중 5곳이 경남지역에 자리잡고 있다. 대성동고분군, 말이산고분군, 송학동고분군, 교동과 송현동고분군, 옥전고분군이다. 가야고분군의 세계유산등재는 한국고대사가 고구려, 백제, 신라 3국만의 역사가 아니라 가야 등을 포함하는 역사라는 인식을 갖게 했다. 또한 한국고대국가의 발전 모습이 삼국과 같은 '중앙집권적 고대국가'뿐만 아니라 가야의 여러 나라처럼 다양한 형태로 발전했음을 인정할 수 있는 계기도 되었다.

경남지역은 다양한 모습의 세계유산을 보유하고 있다. '한국의 서원, 남계서원', '한국의 산지승원, 통도사', '해인사장경판전' 등이다. 남계서원은 정여창을 모신 서원이며, 통도사는 삼보사찰 중의 하나인 불보사찰이다. 해인사장경판전에는 세계기록유산인 팔만대장경이 보관되어 있다.

유네스코의 세계유산 목록에는 인류 전체를 위해 보호되어야 할 '탁월한 보편적 가치'가 있다고 인정되는 유산이 등재된다. 세계유산으로 등재한다는 것은 세계화로 인한 문화의 획일화, 상업화, 종속화가 진행되고 있는 상황에서 인류 문화의 다양성을 보호하기 위한 구체적 실천이기도 하다.

이 책은 경남지역에 위치한 세계유산에 대한 이야기다. 경남지역의 세계유산은 경남지역에서 살았던 사람들의 역사를 말해주고 있다. 이들이 만들어 낸 역사가 세계사의 발전과 무관하지 않으며, 다양성의 증거이기도 했다. 한국사 속의 경남지역 또한 세계사의 깊이와 폭을 더하는데 기여했다는 사실을 확인할 수 있게 된 것이다. 따라서 세계유산을 보전하는 것은 당연하다. 나아가 경남의 역사가 만들어 낸 세계유산을 통해 지금의 사람들이 무엇을 얻어야 할지 곱씹어 보는 계기가 되었으면 좋겠다. 글 쓰신 선생님들, 책으로 만들어 주신 출판사 선생님께 고맙다는 말을 전한다.

2024. 2. 29
창원대학교 경남학연구센터
남 재 우

경남의 세계유산

남계서원 명성당

유네스코와 세계유산_ 남재우

Ⅰ

Ⅰ. 유네스코와 세계유산

'세계유산'은 1972년 유네스코(UNESCO, 국제연합교육과학문화기구) 세계 문화 및 자연유산의 보호에 관한 협약(Convention Concerning the Protection of the World Cultural and Natural Heritage)에 의거하여 세계유산목록에 등재된 유산을 말한다. 유네스코는 교육과 문화, 소통, 정보 분야의 진흥과 국제 협력을 통해 인류복지와 국제평화에 기여하기 위해 창설된 국제기구이다. 제2차 세계대전 이후인 1945년 11월 16일 설립되었고, 해마다 역사, 자원, 자연, 경관 등 과거로부터 물려받은, 현재 우리가 더불어 살아가고, 미래 세대에게 물려주어야 하는 유산을 지정하고 있다.

한국은 1950년 유네스코에 가입했고, 북한은 1974년에 가입했다. 유네스코 한국위원회는 1954년 1월 30일 창립되었고, '유네스코 활동에 관한 법률'이 1963년 제정되었다.

유네스코에서 사용하는 문화유산(Cultural Heritage)은 유형문화유산, 무형문화유산, 기록유산을 통칭하는 용어이다. 유네스코에서 지정하는 유산제도와 사업은 유형문화유산과 관련한 '세계유산(World Heritage)'제도, 무형문화유산과 관련한 '인류무형문화유산(Intangible Cultural Heritage)'제도, 그리고 '세계기록유산(Memory of the World)'사업이

있다.[1]

'세계유산' 목록에는 인류 전체를 위해 보호되어야 할 탁월한 보편적 가치가 있다고 인정되는 유산이 등재(inscription)된다. 세계유산 등재대상은 문화유산, 자연유산 그리고 문화와 자연의 가치를 함께 담고 있는 복합유산(mixed cultural and natural heritage)으로 그 유형을 나눈다.

문화유산은 기념물(monuments), 건조물군(groups of buildings), 유적지(sites)가 그 대상이다. 기념물은 기념물, 건축물, 기념 조각 및 회화, 고고 유물 및 구조물, 금석문, 혈거 유적지 및 혼합유적지 가운데 역사, 예술, 학문적으로 탁월한 보편적 가치가 있는 유산이다. 건조물군은 독립되었거나 또는 이어져 있는 구조물들로서 역사상, 미술상 탁월한 보편적 가치가 있는 유산이다. 유적지는 인공의 소산 또는 인공과 자연의 합작품 및 고고 유적을 포함한 구역에서 역사, 미학, 민족학 또는 인류학적 관점에서 탁월한 보편적 가치가 있는 유산을 말한다.

자연유산은 무기적 또는 생물학적 생성물들로부터 이룩된 자연의 기념물로서 미학 또는 과학적 관점에서 탁월한 보편적 가치가 있는 것, 지질학적 및 지문학(地文學)적 생성물과 이와 함께 위협에 처해 있는 동물 및 생물의 종의 생식지 및 자생지로서 특히 일정 구역에서 학술적 보존적 관점에서 탁월한 보편적 가치가 있는 것과 학술 보존 또는 자연미의 시

---

1 유네스코가 지정한 한국의 세계유산, 인류무형문화유산, 세계기록유산 목록은 부록에서 알 수 있다.

각에서 볼 때 탁월한 보편적 가치를 갖는 것을 대상으로 한다.

복합유산은 문화유산과 자연유산의 특징을 동시에 충족하는 유산이다.

1. '탁월한 보편적 가치'

세계유산등재기준은 '탁월한 보편적 가치(OUV : Outstanding Universal Value)'를 갖추는 것이다. '탁월하다'는 것은 세계유산으로 등재할 수 있는 기준이다. 자국의 국경을 초월하여 모든 인류의 현재와 미래 세대에게 공통으로 중요하고, 예외적인 문화적, 자연적 중요성을 의미한다. 그리고 '보편적이다'라는 것은 한 국가나 민족의 역사적 중요성 뿐만아니라 인류사적 의미 또한 지니고 있어야 한다는 것이다.

유네스코는 탁월한 보편적 가치에 대한 혼란을 줄이기 위해 등재기준을 아래 표와 같이 제시하였다. 세계유산을 등재하기 위해서는 최소 1개 이상의 등재기준을 충족하고, 국내외 유산들과의 비교연구를 통해 탁월한 보편적 가치를 입증하여야 한다. 현재 적용되고 있는 등재기준은 10가지이다. 등재기준(ⅰ)~(ⅵ)번까지는 문화유산에 적용되고, (ⅶ)~(ⅹ)번까지는 자연유산에 적용된다. 등재기준 (ⅵ)은 단독으로는 적용하지 못하고, 반드시 등재기준 (ⅰ)~(ⅴ)과 결합하여 적용하여야 한다. 이 조건 중 한 가지 이상의 조건을 만족시켜야만 세계유산으로 등재될 수 있다.

[표] 세계유산 등재기준

NO	등재기준	사례
i	인간의 창의성으로 빚어진 걸작을 대표할 것	호주 오페라 하우스, 석굴암과 불국사
ii	인류의 중요한 가치가 교류된 것을 보여주는 건축이나 기술, 기념비적 예술, 도시계획이나 조경설계의 발전과 관계가 있는 것으로, 오랜 시간에 걸쳐 일어났거나 세계의 특정 문화권에서 일어난 것이어야 한다.	러시아 콜로멘스코이 성당, 수원화성, 창덕궁, 남한산성, 백제역사지구
iii	현존하거나 이미 사라진 문화적 전통이나 문명의 독보적 또는 적어도 특출한 증거일 것	태국 아유타야 유적, 고창·화순·강화 고인돌, 경주역사지구, 조선왕릉, 하회와 양동마을, 창덕궁, 한국의 산사
iv	인류 역사에 있어 중요 단계를 예증하는 건물, 건축이나 기술의 총체, 경관 유형의 대표적 사례일 것	종묘, 해인사 장경판전
v	특히 번복할 수 없는 변화의 영향으로 취약해졌을 때 환경이나 인간의 상호작용이나 문화를 대변하는 전통적 정주지나 육지·바다의 사용을 예증하는 대표 사례	리비아 가다메스 옛도시, 실크로드
vi	사건이나 실존하는 전통, 사상이나 신조, 보편적 중요성이 탁월한 예술 및 문학작품과 직접 또는 가시적으로 연관될 것(다른 기준과 함께 적용 권장)	일본 히로시마 원폭돔, 해인사 장경판전과 조선왕릉
vii	최상의 자연미나 뛰어난 자연현상	제주도 화산섬과 용암동굴
viii	지형학, 지질학, 자연지리학적으로 지구 역사상 주요 발전 단계	제주도 화산섬과 용암동굴
ix	생태학적 주요 진화 사례	케냐 국립공원
x	생물 다양성의 중요한 사례로서 희귀 동식물 서식지	중국 쓰촨 자이언트팬더 보호구역, 한국의 갯벌

2. 진정성(Authenticity)

세계유산 등재를 위한 두 번째 조건은 진정성이다. 사실에 근거한 거짓 없는 진실성을 의미하는 진정성을 입증하는 것이다. 사전적 의미를 살펴보면 '출처가 분명하고 진품 혹은 진짜'라는 뜻이다. 문화유산으로서 진정성이 있다는 것은 재질, 기법 등에 있어서 원래의 가치를 보존하고 있어야 한다. 예를 들면 특정 유산이 조선시대 건물이라면 가치평가 기준에서 제시하고 있는 내용에 해당될 수 있도록 그 당시의 재료와 기술력으로 만들어진 것이어야 하며 원래의 가치가 잘 보존되어 있어야 한다는 의미이다.

문화유산의 유형과 그것이 속한 문화적 맥락에 따라 문화적 가치를 8가지 속성에 따라 진실하고 신뢰할 수 있게 표현할 경우 진정성의 조건을 충족한다고 평가한다. 이들 속성에는 형태와 디자인, 재료와 물질, 용도와 기능, 전통·기법·관리체계, 입지와 주변환경, 언어와 다른 형태의 문화유산, 정신과 감정, 다른 내부와 외부 요소의 항목이 포함된다. 운영 지침서에 의하면 유산에 해당하는 속성을 택하여 거짓 없는 정보의 출처를 밝혀 진정성을 입증하도록 하고 있다. 진정성에 대한 서술에서는 이런 모든 정보를 활용하여 예술적, 역사적, 사회적, 학술적 차원에서 검토하여 유산의 성격과 특수성, 의미, 역사를 이해하고 진정성과 신뢰성을 확보하는 것이 중요하다. 특히 운영 지침에서 고고학적 유구나 역사적 건물 또는 지구의 복원은 예외적인 상황에서만 정당화될 수 있다고 규정하며, 복원은 상세한 기록에 근거할 때만 인정되고 절대 추측에 근거하지 못하도록 하고 있다.

3. 완전성(Integrity)

등재의 세 번째 조건은 완전성을 충족하는 것이다. 사전적 의미를 살펴보면 '어떤 가치나 기준이 의심할 바 없다.'는 뜻이다. 특정 유산을 세계유산으로 등재하기 위해서는 그 유산가치를 보여줄 수 있는 모든 요소가 세계유산 등재 기준을 충족시켜야 한다는 의미이다.

완전성을 측정하기 위해서는 유산의 다음과 같은 범위가 평가되어야 한다. 탁월한 보편적 가치(OUV)를 나타내는 모든 구성요소를 포함하여야 한다. 등재 유산이 중요하다는 사실을 전달하는 모든 특징과 과정을 완벽하게 대표할 수 있는 적절한 규모여야 한다. 무관심과 개발의 부정적 효과로부터 받는 어려움과 고충이 완전성을 위해 반드시 서술되어야 한다. 등재 유산의 물리적 표면과 중요한 특징들이 양호한 상태를 유지하여야 하며, 쇠락(Deterioration) 과정을 통제할 수 있어야 한다. 완전한 가치를 전달하는데 필요한 구성 요소들의 중요한 부분들이 모두 포함되어야 한다. 문화경관, 역사 마을, 다른 생활 문화유산의 경우, 독특한 특징을 나타내는데 중요한 관계성과 동태적인 기능이 모두 유지되어야 한다.

즉 역사 마을에서 일부만 남아있는 파편화된 유적을 묶어서 연속유산으로 등재를 한다면 역동적인 기능과 관계성 입증이 어렵다. 따라서 완전성의 조건을 충족하는 것으로 볼 수 없다.

4. 세계유산등재, 인류문화의 다양성 보호

유네스코 세계유산제도의 탄생은 1960년대 이집트 이스완 하이댐 건설이 계기가 되었다. 댐 건설은 아브심벨 신전을 포함한 누비아유적을 수몰 위기로 몰아 넣었다. 이에 람세스 2세와 그 왕비의 신전을 수몰선 위의 고지대로 옮기기 위한 노력이 시작되었다. 다국적 학자들이 참가했고, 전 세계 독지가들이 보존을 발의하여, 유적 해체와 이전 복원이 이루어졌다.

그 결과로 1965년 세계적인 유산을 보전하기 위한 전문가들의 협의체인 ICOMOS(국제기념물유적협의회, International Council on Monuments and Sites)가 설립되었다. 1972년 스웨덴 스톡홀름에서 개최한 인간과 환경 유엔회의에 '세계문화 및 자연유산보호협약', 줄여서 '세계유산협약'이 제출되어 채택되었다. 1978년부터 세계유산목록이 운영되기 시작했다.

세계유산협약의 주요 내용은 세계문화와 자연유산의 정의, 유산 보호를 위한 국가적·국제적 차원의 노력, 세계유산 목록의 작성과 운영, 실천적 강제성을 갖춘 세계 문화 및 자연유산 보호를 위한 정부간 위원회인 세계유산위원회와 총회, 구체적인 보호책을 마련하기 위한 세계유산기금 설치 및 사용, 세계유산 보호에 대한 인식 증진 교육 및 정보 제공 권장 등이다. 또한 유산 보호를 위해 위험 유산의 별도 관리와 구체적인 예방 조치 요구를 포함하고 있다. 유산보호국의 주권을 존중해서 국내법상의 재산권을 보장하는 반면, 인류 공동 유산으로서의 보호를 위해 당사국이 국제적인 협력을 해야 한다는 의무 사항과 당사국에게 유산의 최적, 최상의 관리 책임도 부여하고 있다.

　세계유산은 탁월한 가치를 지닌 것으로 문화 다양성, 창조, 지속 가능한 발전, 평화의 문화 증진 등의 중요한 상징적 가치를 지니며, 과거로부터 물려받은 것으로서 현재 우리가 더불어 살아가고, 미래 세대에게 물려주어야 한다. 따라서 세계유산제도는 세계화로 인한 문화의 획일화, 상업화, 종속화가 진행되고 있는 상황에서 인류 문화의 다양성을 보호하기 위한 구체적 실천이라 할 수 있다.

〈참고문헌〉

남재우, 「가야고분군의 OUV」, 『가야고분군의 세계유산적 가치』, 2016.
최재헌, 『한국의 세계유산과 지역성』, 트레블그라픽스, 2022.
문화재청, 국가문화유산포털(www.heritage.go.kr)

경남의 세계유산

Ⅱ. 경남의 세계유산

1. 가야고분군

1) 대성동고분군 _ 김의중

대성동고분군은 김해시 중심부를 남북으로 가로지르는 해반천 동쪽에 바로 연접하여 형성된 낮은 독립구릉에 위치한다. 이 구릉은 남북 방향의 길이 약 280m, 동서 방향의 폭 약 50m, 해발 22.6m 정도인데, 북쪽에서 남쪽으로 갈수록 고도가 점차 높아진다. 현지 주민들은 이 구릉을 '애꾸지'로 불렀으며, '작은 구지봉(제2의 구지봉)'이라 하여 신성시하였다.

애꾸지 구릉에는 청동기시대 지석묘를 비롯하여 삼한시대 목관묘, 가야시대 목곽묘·석곽묘, 삼국시대 석실묘 등 다양한 시기의 무덤들이 연속적으로 조성되어 왔다. 이 중 대성동고분군이 주목받는 가장 큰 이유는 금관가야 최고 지배층인 왕과 귀족층의 무덤이 집단 조성된 전성기 때의 핵심 고분군이라는 점과 중국, 일본과의 대외교류를 보여주는 다양한 유물이 출토되었기 때문이다.

또한, 가야시대 당시의 애꾸지 주변 일대에는 고김해만(옛바다)과 해반천이 접한 기수역에 해당하는 곳이었다. 이러한 지형의 이점을 활용한 금관가야는 중국, 북방, 일본과의 활발한 해상교역을 바탕으로 철기문화의 중심지가 될 수 있었다.

금관가야의 왕들의 안식처

| 일제강점기 유리건판사진(1914, 대성동고분군 구릉)

대성동고분군은 1914년 일제강점기에 도리이류조[鳥居龍藏]가 촬영한 '수로왕릉 부근 고분' 유리원판사진을 통해 고분군에 대한 존재를 확인할 수 있다. 하지만, 당시 여러 가야권에서 확인되었던 고총(高塚: 봉분의 대형화) 고분과는 달리, 봉분이 크지 않아 금관가야의 중심 고분군으로는 인식하지는 못했다.

이후 문헌자료에서만 존재하였던 금관가야의 실체인 왕묘를 찾으려는 노력을 기울이게 된다. 1980년 후반, 경성대학교박물관에서는 김해시 일대에 지표조사를 실시하였다. 김해평야의 중심부에 위치하고, 산지 정상부에 넓게 조성되었던 '칠산동고분군'을 금관가야 왕묘의 후보지로 선정하여 발굴조사(1·2차, 1987~1988)를 진행하였다. 그 결과, 3~6세기의 목관묘, 목곽묘, 석곽묘, 횡구식 석실묘 등의 많은 무덤이 확인되어 학술적인 성과를 거두었다. 하지만 금관가야의 왕묘는 아니었다. 다음 해인 1989년, 현지 주민들의 탐문조사를 통해 애꾸지 구릉을 주목하게 되었고, 경성대학교박물관에서 첫 발굴조사를 착수했다. 이 발굴조사를 통해 금관가야 왕묘가 최초로 확인됨에 따라 정식적으로 학계에 알려졌다. 유적의 중요성을 인정받아 1991년 1월 8일 사적으로 지정되었다. 그 후 2020년까지 총 10차례의 발굴조사가 진행되어 청동기시대 및 금관가야의 태동기, 전성기, 쇠퇴기에 해당하는 각종 무덤·유물들이 쏟아져 나왔다. 이를 통해 중국, 일본과의 대외교류의 실체가 새롭게 밝혀지게 되었다.

[표 1] 대성동고분군 발굴조사 현황 및 주요성과

구분	조 사 기 간	무덤(수)	주요 조사성과	기관
1차	1990.06.12~08.01	1, 2호(목곽2)	구릉 능성부의 금관가야 왕묘 2기 최초 확인	경성대학교박물관
2차	1990.09.03~1991.04.14	3~39호(목관8, 목곽19, 석곽6, 석실2, 옹관2)	2세기 전반 목곽묘 확인 금관가야 왕묘 추가 확인 중국·북방계 동복·금동관편 및 왜계 파형·통형동기 출토	
3차	1991.10.18~1992.03.08	40~53호(목관1, 목곽10, 석곽3) 주변 I~IV지구(목관25, 목곽18, 석곽19, 석실4, 옹관12, 토광4, 지석묘1)	3세기 왕묘부터 하위계층의 무덤군 및 5세기 전반 목곽묘 확인 동복 추가 확인 및 옥장신구 출토	
4차	2001.04.30~09.23	54~67호(목곽5, 목곽8, 석곽1, 가마3) 주변V지구(목관17, 목곽5, 석곽3, 옹관4, 석실1, 토광1)	2세기 전반 목관묘 다수 확인 및 57호에서 순장 인골 3구 출토	

구분	조사 기간	무덤(수)	주요 조사성과	기관
5차	2009.10.12~12.03	68~72호(목곽3, 석곽1, 석실1)	국내 출토품 중 가장 이른 시기 말안장 및 은제환 확인	대 성 동 고 분 박 물 관
6차	2011.07.29~10.14	73~84호(목곽3, 목곽2, 석곽4, 옹관3)	4세기 전반 대형목곽묘 확인 5세기 후반 대형수혈식석곽묘 확인	
7차	2012.06.04~09.26	85~91호(목곽2, 석곽5)	새로운 순장 유형 확인 중국·북방계(전연, 동진) 유물 최초 확인(88호) 왜계 파형동기, 통형동기, 석제품 다수 확인(91호)	
8차	2013.06.24~09.13	92호분(70호분 주곽으로 개명), 95호	목곽묘의 새로운 구조 확인 중국·북방계(전연, 동진) 교역품 추가 확인	
9차	2014.06.24~10.10	지석묘1, 목곽묘 93~94호	구릉능성부 지석묘 조사 금관가야 쇠퇴기 대형목곽묘 확인 및 새로운 순장유형 확인	
10차	2019.12.9~2020.8.28	96~149호(목관27, 목곽27, 옹관묘 3)	2세기 전반 목곽묘 다수 확인 4세기 전반 중소형 목곽묘에서도 삼연, 왜와의 교역품 다수 확인(108호)	

대성동고분군에는 청동기시대 후기 지석묘를 비롯하여 목
관묘, 가야시대 목곽묘 및 석곽묘, 삼국시대 석실묘 등 긴
시간 동안 다양한 무덤이 조성되어 있다. 이 중, 금관가야
의 전성기를 가장 잘 보여주는 무덤인 목곽묘가 대다수를
차지한다. 엄밀히 살펴보면, 이 애꾸지 구릉 전체를 지속적
으로 점유한 시기는 금관가야 왕묘 및 귀족층의 무덤이 집
중적으로 조성된 3세기 후반에서 5세기 전반에 해당하며,
당시 이곳을 가야 지배층들만의 고유 집단묘역으로 신성시
여겨왔음이 분명하다.

대성동고분군의 전체적인 분포 및 조성 양상은 구릉의 남
쪽 능선부에 청동기시대 후기 지석묘가 처음 조성되다가
1~2세기대가 되면 목관묘가 구릉 주변 평지에 조성되기 시
작한다. 2세기 후반대에 이르면 목곽묘가 처음 출현하는데

구릉의 북쪽 말단부에서 조영되기 시작한다. 목곽묘 중에서

도 왕묘급에 해당
하는 3세기 후반
~4세기 후반의 목
곽묘들은 북쪽의
낮은 능선부를 따
라 남쪽의 높은 구
릉 능선부까지 순
차적으로 축조되
는 경향이 있다. 5
세기 전반이 되면
구릉 능선부의 대
다수를 점유하게
되고, 5세기 중반
이 되면 다시 구릉

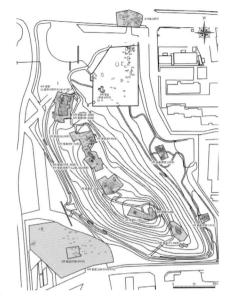

| 대성동고분군 발굴조사 구간 차수별 배치도

의 낮은 곳인 북쪽으로 조성된다. 이로 보아 애꾸지 구릉의
주 능선상에는 최고 지배계층이, 사면에는 그보다 낮은 신
분의 지배계층 무덤이 조성되었고, 평지에는 더 작은 규모
의 무덤이 위치하고 있음을 알 수 있다.

한편, 대성동고분군의 실제 범위는 현 수릉원(가야의 숲)이
조성된 남쪽 일대와 북쪽의 구지로 고분군, 가야사조성사업
주차장 부지 유적을 포함한다. 즉, 고분군 남쪽의 현 수릉
원과 북쪽의 구지로 구간 일대에는 도심화가 진행되어 육안
으로는 쉽게 식별되지 않지만, 대성동고분군이 위치한 애꾸

지가 지형적으로 연결선상에 위치한다. 또한 이 일대에 대한 발굴조사를 통해 가야시대 이전의 무덤인 청동기시대 후기 지석묘와 삼한시대 목관묘, 가야시대의 중심 무덤인 목곽묘, 석곽묘, 가야시대 이후의 석실묘 등의 무덤들이 애꾸지와 인근 평지에서 확인되고 있으므로 범위를 확대하는 것이 금관가야의 실체 파악에 도움이 될 것이다.

대성동고분군으로 본 금관가야–대성동고분군의 중심, 목곽묘

대성동고분군 내에는 여러 시기의 다양한 무덤이 공존하고 있지만, 금관가야 전성기의 무덤은 목곽묘이다. 금관가야 왕묘 및 귀족층의 중심 무덤인 목곽묘의 특징은 길이가 10m 정도로 30㎡ 이상의 대형이며, 무덤 내에 다양한 유물이 폭발적으로 많이 부장되는 특징이 있다. 또한 부장된 유물 가운데는 중국·북방계의 유물, 왜계 유물 등의 위세품이 함께 부장되며, 순장의 매장 행위도 확인되어, 금관가야 최고 지배층의 권력과 실체를 잘 보여준다.

목곽묘는 시기가 지나면서 단계별로 그 구조와 부장 양상 등에 큰 변화가 나타난다. 먼저, 2세기 후반에 이르면 목관묘에서 목곽묘로 묘제가 변화된다. 목곽묘는 구덩이 판 후 나무를 곽으로 조립한 구조이며, 무덤 주인과 함께 대량의 유물이 부장되는 특징이 있다. 금관가야의 왕묘가 본격적으로 조성되기 이전의 3세기 전반에는 구릉의 능선에 조성되면서 깊이가 1m 이하로 얕아지고, 길이에 비해 너비가 넓어지며, 바닥에는 아무런 시설을 하지 않는다. 대표적으로

45호분의 경우, 무덤 주인의 허리 양쪽으로 토기를 부장하고, 발 쪽에는 환두대도를 의도적으로 휘어서 부장한 훼기 부장 습속도 확인된다. 이 훼기 부장 습속은 중국 동북지방 길림성 북부의 부여지역 목곽묘 출토 무기 훼기와 동일한 양상을 보이므로 북방지역과 관련이 있을 것으로 추정된다.

3세기 후반에 이르면 앞 시기에 비해 목곽묘의 크기가 대형화되며, 토기의 부장량이 기하급수적으로 증가한다. 대표적으로 29호분의 경우, 묘광의 길이가 960㎝, 너비 560㎝ 정도이고, 목곽의 규모 역시, 길이 640㎝, 너비 320㎝에 이른다. 목곽 내부에는 별도의 유물 부장 공간을 구분하였는데, 중앙 부근에는 90여 점 정도의 철정을 열 지워 시상면을 마련하였고, 많은 수량의 철기류와 동복을 배치하였다. 서쪽으로는 원저단경호가 1열에 8점씩 모두 6열로 배치되고, 동쪽 가장자리에는 노형토기 내부에 원저단경호가 놓인 열도 일부 확인된다. 29호분은 고분의 규모가 대형인 점과 부장된 유물 역시 대량으로 확인되는 점, 최초의 순장과 중국·북방계의 동복과 금동관이 확인되는 점으로 보아 권력과 부의 집중이 시작되었음을 보여준다. 이에 29호분을 금관가야의 최초의 왕묘로 보고 있다. 이 29호분을 기점으로 이전 시기를 구야국, 이후부터는 금관가야로 구분하고 있다.

| 45호분(3세기 전반)

| 29호분(3세기 후반)

4세기는 금관가야의 본격적인 전성기이다. 4세기 전반이 되면 목곽묘의 깊이가 차츰 깊어지며, 목곽 내 유물 부장 칸이 외부에 별도로 독립된 부장곽으로 나타난다. 또한 금관가야를 대표하는 외절구연고배 및 파수부노형기대 등의 지표유물들과 함께 다양한 중국·북방계 유물과 왜계 유물들이 다량 출토된다. 순장도 본격적으로 시행되는데, 91호분에는 순장자의 수가 5명으로 목곽 내부 3인, 별도의 충전공간에 2인이 부장되고 있다. 이렇게 목곽 외부 충전토에 순장자를 매장하는 행위는 다음 단계인 88호분에도 이어진다. 이 시기 왕묘는 총 2기로 13·91호분이다.

| 91호분(4세기 전반)

| 88호분(4세기 후반)

4세기 후반이 되면 이전 시기와 크게 다르진 않지만, 묘광의 깊이가 2m를 넘어 더욱 깊어진다. 바닥에는 머리 크기의 편평한 판석을 전면적으로 깔은 시상면이 처음 확인

된다. 특히, 왜계 유물은 지속적으로 증가하고 있지만, 중국·북방계 유물들은 이 시기 이후에는 거의 출토되지 않는다. 그리고 대성동고분군에서 소형의 수혈식석곽묘가 출현하는 시기이기도 하다. 이 시기 왕묘는 총 5기로 2·3·23·70·88호분이다.

5세기 전반이 되면 묘광이 3m 이상으로 아주 깊어지며 목곽의 바닥 전면에 시상면을 설치한 점은 앞 시기와 동일하다. 하지만 판석 대신 크기가 작은 할석을 사용하고 있는 것이 특징이다. 이 시기 왕묘는 총 4기로 1·7·8·11호분이다. 특히, 5세기 전반 이후는 400년 고구려의 남정으로 인해 금관가야가 쇠퇴하게 되며, 불안한 국내 정세로 인해

왕묘는 점차 그 모습이 사라진다.

금관가야의 왕묘는 3세기 후반의 29호분을 최초로 하고, 5세기 전반의 1호분을 마지막 단계로 보고 있어 3세기 후반에서 5세기 전반까지가 금관가야의 전성기로 볼 수 있다.

| 1호분(5세기 전반)

금관가야의 내세사상, 순장

대성동고분군 내 왕묘 및 귀족층에서 확인되는 중요한 특징 중의 하나는 바로 순장의 출현이다. 순장은 권력자가 사후에도 영원한 삶을 전제로 그를 위해 계속 봉사할 수 있는 사람들을 함께 죽여 매장한 것으로, 권력의 최정점에 있는 왕과 최고 지배층들만이 누릴 수 있는 절대 권리였다.

한반도 남부에서 가장 빠른 시기의 순장묘는 3세기 후반에 조성된 29호분으로 보고 있다. 순장은 4세기 후반까지 대형 목곽묘에서만 확인되고, 5세기 전반까지 중형목곽묘를 중심으로 유지되다가 급격히 감소한다. 순장의 규모는 3세기 후반 순장자 1명, 4세기에는 3~5명, 5세기 전반에는 5~6명으로, 5세기 전반이 가장 많다. 순장자의 배치는 4세기의 경우, 무덤 주인의 발 쪽 아래 별도의 공간에 나란히 배치되거나 충전 공간에 매장되다가 5세기 전반에는 무덤 주인을 중심으로 좌우에 배치된다. 이는 당시 급박한 대외 경쟁 상황에서 무덤 주인의 사후세계를 온전하게 보호하기 위해 나타난 현상으로 보기도 한다. 대성동고분군의 순장자는 24기에서 총 58명이 확인된다. 성별을 알 수 있는 순장자 26명 중에 여성이 17명인데, 20~50대에 1~3회의 출산의 흔적을 가지고 있다. 57호 순장자는 3명으로 모두 20~30대의 여성이며, 키 147~152㎝에 1~2회 정도의 출산 흔적을 가지고 있었다. 특히, 57호 순장자는 머리쪽에 투구 5점이 출토되었다는 점과 다리 근육이 매우 발달되어 있음을 근거로 하여 '가야의 여전사'로 보는 시각도 있다.

금관가야의 순장은 400년 고구려의 남정으로 인해 최고 지배층의 무덤인 목곽묘의 소멸과 함께 점차 사라지게 된다. 이외에 4세기대 목곽묘인 91호분 출토 단경호와 동세(청동대야) 안에는 5개체의 참돔뼈와 밤이, 47호분 청동솥 안에는 밤 3개가 확인되어 음식과 관련된 공헌 의례 행위로 볼 수 있다.

| 대성동 88호 순장자

출토유물로 본 금관가야의 문화교류

대성동고분군에서는 그간의 발굴조사를 통해 중국·북방계와 왜계 유물, 서역계 유리그릇 등 다양한 종류의 외래 유물들이 출토되었다. 이는 금관가야가 중국과 일본과의 교류가 활발했음을 보여주는 증거이다.

중국 · 북방과의 대외교류

대성동고분군에서 출토된 중국·북방계 유물들은 진(晉)식 대금구(금동제허리띠), 동세·동완(청동그릇), 동복(청동솥), 동경(청동거울), 칠그릇(칠완), 말갖춤(마구), 운모 장식 등이다.

금관가야의 최초 왕묘인 29호분
에서는 동복과 금동관 파편이 출
토되었다. 동복은 중국 길림성
의 유소노하심, 모아산 유적 등
에서 출토된 것과 유사하다. 또
한 금동관 역시, 한반도 남부에
서 가장 빠른 시기의 것으로 중
국 북방의 보요관(步搖冠)에서 영
향을 받았다. 이 유물들은 금관

| 29호분 출토 동복

가야가 중국·북방과의 직접적인 교류로 수입했다기보다는
낙랑이나 부여와 고구려를 거쳐 유입된 것으로 보고 있다.

특히, 4세기대인 91호분에서는 중국·북방계 유물들이
가장 많이 부장되어 있어 대륙 문물의 보고(寶庫)로 불린다.
이 중에 동세(청동대야)의 경우, 중국 요서 라마동(喇嘛洞) Ⅰ
M17호 무덤과 낙양 화산로(華山路) CM2349의 출토 동세
와 유사하고, 서진시대 무덤에서도 많이 출토되어 이와 연
결될 가능성이 있다. 또한 청동제 말갖춤인 마면(말얼굴가리
개)과 운주(말띠꾸미개), 덮개방울은 조양 원대자벽화분과 안
양효민둔묘 등에서 출토된 바 있어 중국 전연(前燕)에서 유입
된 것으로 추정된다.

| 91호분 출토 동세
(청동대야)

| 91호분 출토 운주
(말띠꾸미개)

| 91호분 출토 청동령
(말방울)

88호분에서는 소위 진(晉)식대금구로 불리는 용무늬가 세밀하고 화려하게 표현된 금동제 허리띠가 출토되었다. 이 금동제 허리띠는 가야·신라에서 최초로 확인된 유물이며, 중국 라마동 M275호 무덤 출토품과 유사하다. 이러한 형태는 진과 중국의 삼연(三燕), 고구려, 백제, 신라, 일본 등 동아시아 각지에 유행하여 그 궤를 같이한다.

| 91호분 출토 진식대금구(금동제허리띠)

한편, 91호분에서는 중국·북방계 유물과 함께 서역계 유리편(로만글라스)이 출토되었다. 국내에서 확인된 서역계(서아시아 계통) 유리 가운데 가장 빠른 시기의 것으로 4세기대 중국 동진과 삼연(三

| 91호분 출토 유리편

燕)에서도 이와 같은 유리가 출토되어 중국을 거쳐 금관가야
로 유입된 것으로 추정된다.

일본과의 대외교류

대성동고분군은 일본과의 활발한 교류를 보여주는 다양
한 유물들이 출토되었다. 왜계 유물로는 파형동기, 통형동
기, 응회암질석제품, 동촉, 동모 등이다. 대성동 91호분이
중국문물의 보고로 불리었다면 대성동 88호분은 일본문물
의 보고로 불릴 만큼 일본과 관련된 유물이 많이 출토되었
다. 대표적인 왜계 유물인 파형동기(12점, 바람개비모양청동기)
를 비롯하여 통형동기(3점, 원통모양청동기), 방추차형 석제품
(2점, 가락바퀴모양석제품), 동촉(5점, 청동화살촉), 중광형동모(1
점, 청동창)가 출토되었다.

통형동기는 창의 자루 끝부분에 끼우거나 의장용 지팡이
의 상부에 끼워서 사용했던 것으로 추정된다. 주로 4~5세
기 금관가야의 지배층의 무덤에서 출토되는 점을 그 특징으
로 한다. 일본에서도 긴키[近畿:오사카, 고베]지역을 중심으로
많이 출토되며, 일본
도호쿠[東北]에서 큐슈
[九州]까지 넓게 분포
한다. 통형동기의 제
작지와 관련해서는 많
은 논쟁이 있지만 금

| 88호분 출토 통형동기

관가야와 일본간의 직접적인 교류 관계를 보여주는 자료임에는 틀림없다.

파형동기는 방패나 화살통 표면 등을 장식하는 용도로 추정되며, 국내에서는 대성동고분군에서만 확인된다. 또한 한 무덤에서만 부장되는 파형동기의 수량 역시, 일본을 포함해서 가장 많은 부장량을 자랑하며 크기도 크다. 일본에서 출토된 파형동기는 일본 킨기지역 고분에 다수 부장되는 위세품으로 이 지역의 고분인 토우다이지야마[東大寺山] 전방후원분에서 파형동기 7점이 출토된 사례가 있다. 이를 통해, 금관가야와 일본 킨키 지배층과의 대외교역이 긴밀하게 이루어졌음을 보여준다.

| 대성동고분군 출토 파형동기 및 광묘 | 88호분 출토 가락바퀴석제품

한편, 최근 10차 발굴조사는 108호분 등이 조사되었다. 그 결과, 대성동고분군 내에 4세기 전반 중소형의 목곽묘임에도 불구하고 중국 삼연(三燕) 유물인 동완(청동주발)과 동경(청동거울) 등과 왜계 유물인 통형동기와 청동 화살촉 등이 동시에 출토되어 금관가야의 활발한 대외교류를 뒷받침하였다.

대성동고분군은 전기가야를 대표하는 중심고분군으로 금관가야의 성립과 전성기, 쇠퇴기를 한 눈에 볼 수 있는 유적이다. 또한 출토된 유물을 통해, 금관가야가 중국 대륙과 일본 열도를 연결하는 동아시아 해상교역의 가교 역할을 하면서 고대 문화 발전의 중심에 대성동고분군이 있었음을 보여준다.

〈참고문헌〉

경성대학교박물관, 『김해대성동고분군Ⅰ』, 2000.

경성대학교박물관, 『김해대성동고분군Ⅲ』, 2003.

대성동고분박물관, 『동아시아의 가교, 대성동고분군』, 2013.

대성동고분박물관, 『비밀의 문 다시 두드리다』, 2017.

가야고분군세계유산등재추진단, 『가야고분군Ⅱ』, 2018.

가야고분군세계유산등재추진단, 『가야고분군Ⅴ』, 2019.

국립김해박물관·부산대학교박물관, 『가야사람 풍습연구-편두』, 2019.

대성동고분박물관, 『대성동고분군 다섯 번의 발굴, 10년의 기록』, 2019.

대성동고분박물관, 『다종·다양·다채 대성동 108호분』, 2022.

대성동고분박물관, 『金海大成洞古墳群-96～149호』, 2022.

2) 말이산고분군 _ 조신규

2023년 9월 17일 열사의 땅 사우디아라비아의 수도 리야드에서 열린 제45차 세계유산위원회에서 가야고분군의 세계유산 등재가 결정되었다. 2013년 12월 함안 말이산고분군과 김해 대성동고분군, 고령 지산동고분군이 잠정목록에 등재된 지 약 10년만의 일이다. 2018년 등재대상으로 추가된 창녕 교동과 송현동고분군, 고성 송학동고분군, 합천 옥전고분군, 남원 유곡리와 두락리고분군이 함께 등재되었다.

가야고분군은 유네스코에서 제시한 세계유산 등재기준 중 'iii) 현존하거나 이미 사라진 문화적 전통이나 문명의 독보적 또는 적어도 특출한 증거일 것'에 따라 가야문명의 독보적이며 특출난 증거로서 세계유산적 가치를 인정받았다.

7개의 가야고분군은 가야문명을 상징하는 증거로서 저마다의 존재했던 시기와 특징을 가지고 있다.

[표 1] 가야고분군 조성시기와 특징

김해 대성동고분군	(조성시기) AD 1~5세기
	(묘제방식) 목관묘, 목곽묘, 석곽묘
	(속　　성) 가야연맹의 정치체들이 공유한 고분의 여러 속성의 초기 유형을 잘 보여주는 고분군
함안 말이산고분군	(조성시기) AD 1~6세기
	(묘제방식) 목관묘, 목곽묘, 석곽묘, 석실묘
	(속　　성) 고분이 가장 오랜 기간 연속적으로 조성되어, 연맹의 구성원이 공유한 속성이 형성되어 가는 과정을 가장 잘 보여주는 고분군
합천 옥전고분군	(조성시기) AD 4~6세기
	(묘제방식) 목곽묘, 석곽묘, 석실묘
	(속　　성) 교통의 결절지인 황강 주변의 구릉지에 위치하며, 다른 가야정치체, 주변국과 활발히 교류했던 모습을 잘 보여주는 고분군

고령 지산동고분군	(조성시기) AD 5~6세기 (묘제방식) 석곽묘, 석실묘	
	(속　성) 높은 구릉지 위 고분군이 밀집하여 장관을 이루어 연맹의 중심세력으로서 대가야의 모습과 가야연맹 전성기의 모습을 보여주는 고분군	
고성 송학동고분군	(조성시기) AD 5~6세기	
	(묘제방식) 석곽묘, 석실묘	
	(속　성) 소가야가 백제, 일본열도와 자유로운 해상교역을 통해 성장한 세력임을 보여주는 고분군	
남원 유곡리와 두락리 고분군	(조성시기) AD 5~6세기	
	(묘제방식) 석곽묘, 석실묘	
	(속　성) 가야연맹의 서북부 최대범위를 드러내면서 백제와 자율적으로 교섭했던 가야정치체의 모습을 잘 보여주는 고분군	
창녕 교동과 송현동 고분군	(조성시기) AD 5~6세기	
	(묘제방식) 석곽묘, (적석목곽묘), 석실묘	
	(속　성) 신라와 자율적으로 교섭했던 가야정치체의 모습을 잘 보여주는 고분군	

이 중 함안 말이산고분군은 가야의 여러 나라 중 가장 오랫동안 중심국가로서 역할을 수행한 아라가야의 문명을 보여주는 증거이자 등재된 가야고분군 중 가장 오랫동안 만들어진 고분군으로 널무덤, 덧널무덤, 돌덧널무덤, 돌방무덤으로 변화하는 가야고분군의 발전 과정을 모두 확인할 수 있는 유일한 곳이라는 역사적 가치를 가지고 있다. 남북으로 길게 뻗은 말이산 구릉의 중심 능선과 다시 서쪽으로 뻗어나간 가지능선 정상부에 우뚝 서 있는 고분군의 모습은 단순한 무덤을 넘어 가야의 대표적 기념물로서 가야고분군이 가진 경관적(景觀的) 가치를 가장 잘 반영하고 있다. 또한 가야읍 중심부에 위치하고 있어 세계유산 등재 이후 지역의 새로운 발전동력으로 기대를 모으고 있다.

아라가야의 왕릉, 말이산고분군에 대한 조사와 연구

함안군 가야읍 중심부에 자리잡은 말이산고분군은 가야의 여러 나라 중 중심 국가로서 가야를 이끌었던 '아라가야(阿羅加耶)'의 왕릉이다. 『삼국사기』, 『삼국유사』에 고분군이 위치한 함안이 아라가야의 고도임을 나타내고 있으며, 1587년 편찬된 함안지역의 읍지(邑誌)인 『함주지(咸州誌)』에서도 이곳을 '말이산(末伊山)'이라고 표기하며 옛 나라의 왕릉으로 일컫고 있다.

말이산고분군은 세계유산으로 등재된 동구릉과 2021년 사적으로 지정된 서구릉으로 이루어져 있다. 기원전후부터 6세기 초까지의 왕릉은 동구릉에 조성되었고, 이후 왕릉은 서구릉에 조성된 것으로 여겨진다. 전체 면적은 797,283㎡로 경남의 가야고분군 중 최대 규모이다.

말이산고분군에 대한 직접적인 조사는 일제강점기에 처음 이루어진다. 1910~1918년까지 지속된 조선총독부의 사료조사 및 고적조사에 따라 말이산고분군에 대한 사진 촬영(1910~1918)과 더불어 현황도가 처음 작성(1917)되고, 주요 고분인 1호분(1914)과 4호분(1917), 25호분(1917), 12호분과 13호분(1918)에 대한 무덤 내부 조사가 이루어졌다. 그러나 조사에 대한 기록과 출토 유물에 대한 보고가 말이산4호분을 제외하고는 거의 이루어지지 않고, 조사 사항은 몇 장의 사진과 도면으로만 남아 있다.

1933년 시행된 「조선보물 고적 명승 천연기념물 보존령」에 의거하여 1940년 행정구역 경계에 따라 고적 제118호

도항리고분군과 제119호 말산리고분군으로 분리 지정되었다. 광복 이후 제정된 「문화재보호법」에 따라 1963년 1월에 사적 제84호 도항리고분군과 제85호 말산리고분군으로 지정된다.

고분군에 대한 본격적인 조사는 1982년의 정밀지표조사를 시작으로 1986년 14-1호분과 14-2호분이 창원대학교 박물관에 의해 발굴조사 되었고, 1991년 국립창원문화재연구소(현 국립가야문화재연구소)의 개원과 함께 암각화고분(35호분)이 발굴되었다. 1992년 고분군 북쪽의 아파트 공사과정에서 마갑총(馬甲塚)이 발굴되어 「가야문화권 중요유적에 대한 학술조사 및 보존정비사업계획」이 수립되는 계기를 마련하였고, 1992~1996년까지 국립창원문화재연구소에 의해 5년간의 광범위한 발굴조사가 이루어졌다.

[표 2] 「가야문화권 중요유적에 대한 학술조사 및 보존정비사업계획」에 따른 조사 성과

연도	조사 위치	조사 대상	출토 유물
계	말이산고분군	54기 (널무덤 11기, 덧널무덤 28기, 돌덧널무덤 11기, 돌방무덤 4기)	2,897점
1992	말이산1호분 주변	널무덤 11기, 덧널무덤 19기, 돌덧널무덤 1기, 돌방무덤 3기	1,030점
1993	말이산1호분 서쪽 제1가지 능선 일원	덧널무덤 9기, 돌덧널무덤 3기, 돌방무덤 1기	820점
1994	제3 가지능선 (5호분, 8호분)	돌덧널무덤 2기	455점
1995	제5 가지능선 일원 (15호분 일원)	돌덧널무덤 4기	406점
1996	제6 가지능선 (22호분)	돌덧널무덤 1기	186점

[표 2]의 조사 성과와 더불어 1997년에는 말이산고분군

북쪽 경계와 마갑총 사이에 위치한 경전선 철도 부지 주변에 대한 조사도 이루어졌다. 그 결과 널무덤 37기, 덧널무덤 39기, 돌덧널무덤 6기 등 102기의 고분이 출토되었고, 3,285점의 유물이 수습되었다. 이러한 조사 성과를 기반으로 말이산고분군은 최고지배층의 묘역이자 아라가야 문화를 보여주는 타임캡슐로 자리매김하게 되었다. 이에 1999년부터는 유물전시관 건립이 추진되어 2003년 함안박물관을 개관하게 된다.

[표 3] 말이산고분군 발굴조사 경과(1997~2021) ※말이산고분군 서구릉(남문외고분군) 제외

연도	조사 위치	조사 대상	출토 유물	비고
	계	155기 (널무덤 56기, 덧널무덤 44기, 돌덧널무덤 55기)	6,714점	
1997	말이산고분군 북쪽 (지정구역 외부)	널무덤 37기, 덧널무덤 39기, 돌덧널무덤 6기	3,285점	경남고고학 연구소
2001	말이산고분군 북쪽 (지정구역 외부)	돌덧널무덤 2기	34점	국립창원 문화재연구소
2002	말이산고분군 북쪽 (지정구역 외부)	돌덧널무덤 1기	81점	경남발전연구원 역사문화센터
2005	제3 가지능선(6호분 일원)	널무덤 2기, 돌덧널무덤 4기 등	584점	동아세아 문화재연구원
2005	말이산고분군 북쪽 (도항리 430-12일원)	돌덧널무덤 3기 등	45	동아세아문화재 재연구원
2009	말이산고분군 북쪽 (도항리 428-1일원)	널무덤 1기, 돌덧널무덤 19기	861점	경상문화재 연구원
2014	말이산고분군 100호 · 101호	돌덧널무덤 3기	301점	경남발전연구원 역사문화센터
2014	말이산고분군 21호분	돌덧널무덤 1기	45점	경남발전연구원 역사문화센터
2015	말이산고분군 25호 · 26호	돌덧널무덤 2기	277점	우리문화재 연구원
2016	말이산고분군 527번지 유적	돌덧널무덤 7기	171점	우리문화재 연구원
2017	말이산고분군 57호 일원	돌덧널무덤 3기	266점	경상문화재 연구원

연도	조사 위치	조사 대상	출토 유물	비고
2018	말이산 13호분 및 일원	돌덧널무덤 3기	355점	동아세아 문화재연구원
2019	말이산 45호분 및 일원	덧널무덤 5기	409점	두류문화 연구원
2021	말이산 75호분	돌덧널무덤 1기		경남연구원 역사문화센터

| 말이산고분군 동구릉 원지형도

2000년대 이후 말이산고분군에 대한 조사는 사적으로 지

정된 북쪽 외곽구역의 구제발굴을 중심으로 이루어져 왔다. [표 3]의 구제발굴 과정에서 많은 고분이 발견되어 고분군의 본래 영역이 북쪽으로 더 확장되고 있음을 확인하였다. 하지만 보존되지 못하고 기록으로만 남겨진 것은 매우 아쉬운 것으로 여겨진다.

이러한 양상은 2013년 말이산고분군의 세계유산 등재추진을 시작으로 변화되기 시작한다. 사적지 내 주요 고분군에 대한 조사가 주를 이루게 되었고, 말이산고분군의 역사적, 경관적 가치 규명이라는 분명한 목적하에 조사가 추진되었다. 그 결과 2018년 말이산 13호분을 시작으로 45호분, 75호분 발굴조사에서 중요 역사적 성과들이 밝혀졌다.

이러한 결과를 종합해서 볼 때 말이산고분군에서 발굴조사된 고분은 217기로 널무덤, 덧널무덤, 돌덧널무덤의 비율이 거의 1:1:1을 이루고 있다. 현재 확인된 봉토분이 187기이므로 말이산고분군 내 전체 고분 수는 약 600기 정도로 볼 수 있으며, 서구릉까지 포함하며 1,000여기 정도로 추정된다.

고분 속의 유물

말이산고분군에서는 역사 기록으로 전해지지 않던 아라가야의 문화를 보여주는 중요 유물들이 다수 출토되었다.

봉황장식 금동관

아라가야에서 처음 확
인된 봉황장식 금동관은
말이산 45호분에서 출
토되었다. 상상의 동물
인 봉황이 서로 마주보
고 날개를 펼치고 있는
형태의 장식이 달린 금
동관으로 유기질의 모자
에 부착하여 착용하는

| 말이산 45호분 봉황장식 금동관

방식이다. 수컷인 봉과 암컷인 황은 서로 다른 형태의 관을
쓰고 있는데, 두 개의 길고 짧은 봉상(奉上) 형태의 관을 쓰
고 있는 것이 봉이고, 머리 위에 삼산(三山) 또는 삼엽(三葉)
관을 쓰고 있는 것이 황으로 생각된다. 국내에서 출토된 유
물 중 봉황의 모습을 가장 자세하고 정확하게 표현한 것으
로 아말감기법으로 도금하였다. 5세기 초 아라가야인들의
뛰어난 기술력과 사상을 엿볼 수 있는 유물로 왕을 상징하
는 봉황장식 금동관을 가진 말이산 45호분의 주인이 아라
가야의 왕이었음을 짐작하게 하는 중요한 유물이다.

말이산 45호분 출토 상형도기

봉황장식 금동관의 출토와 함께 사슴, 창고, 배 모양의 상
형도기 5점도 출토되었다. 사슴모양 뿔잔은 뒤를 돌아보는
사슴의 모습을 그대로 사진을 찍듯 형상화한 것이다. 굽다

리에 불꽃무늬 투
창(透窓, 토기 굽에
뚫린 구멍)을 새겼
으며, 사슴 몸체의
곡률과 아래로 처
진 꼬리를 정교하
게 표현하였다. 사
슴의 등 위에는 국

| 말이산 45호분 상형토기

보인 기마인물형토기와 같은 U자상의 뿔잔을 올렸는데, 고
대 토기 유물 중 가장 뛰어난 조형미를 가졌다. 몸통 내부가
비어있고 뿔잔과 연결되어 있어 용도는 향로 또는 잔으로
여겨진다. 2점이 출토된 창고형 토기는 술주전자[주자, 注子]
로 추정되는데, 맞배지붕의 고상가옥 형태로 9개의 기둥과
대들보·도리·대공·서까래·지붕마감재 등 마치 한국 전통
건축의 기본구조인 삼량가(三樑架, 도리 3개가 있는 지붕 구조)에
서 나타나는 주요 부재들이 정교하게 표현되어 있다.

배모양 토기는 유선형의 평면을 가진 통나무배에서 구조
선(構造船)으로 발전하는 중간단계인 준구조선(準構造船) 형태
로 이물(배의 앞부분)과 고물부(배의 뒷부분)를 높게 올리고, 판
재를 대었으며, 양쪽 옆면에 각 5개씩 노걸이가 있다. 배의
고물부는 뚫려있어 잔(盞)으로 사용되었음을 알 수 있다. 현
재까지 국내에서 확인된 배모양 토기의 상당수가 아라가야
계 토기라는 점으로 보아 아라가야의 중심 고분인 말이산고
분군에서 확인된 배모양 토기의 의미는 매우 상징적이다.

고대의 기술과 문화를 그대로 보여주는 상형도기는 그동안 유적에서 간혹 발견되기도 했지만 대부분 형태가 온전치 않거나 도굴품처럼 출토 맥락을 알 수 없는 경우가 대부분이었다. 그러나 말이산 45호분 상형도기는 정상적인 발굴 조사 과정에서 출토된 것으로 그 완성도와 정교함에서도 탁월한 모습을 보여주어 2022년 10월에 보물로 지정되었다.

말갑옷과 환두대도

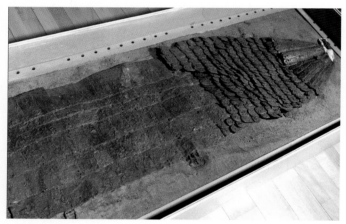

| 마갑총 출토 말갑옷

1992년 발굴된 마갑총은 완벽한 형태의 말갑옷이 국내에서 처음 발굴되어 마갑총으로 명명되었다. 말갑옷은 말의 목과 가슴을 보호하는 경갑과 흉갑, 몸통을 보호하는 신갑으로 구성되어 있다. 경갑과 흉갑은 길이 3cm내외, 신갑은 8cm정도의 철판을 가죽 끈으로 여러겹 엮어서 만든 미늘갑

옷이다. 말갑옷은 고대 개마무사의 모습을 그대로 보여주는 것으로 그 중요성을 인정받아 함께 출토된 고리자루 큰 칼[環頭大刀]과 더불어 보물로 지정되었다.

이후 말이산고분군 6호분·8호분·21호분·45호분·75호분에서도 말갑옷과 투구 등이 출토되어 국내에서 가장 많은 말갑옷이 출토된 유적이다. 또한 출토된 고분이 모두 대형 분임을 고려할 때 말이산고분군 내에서 고분 간 위계를 보여주는 핵심 요소이다.

연꽃무늬 청자그릇

말이산 75호분에서 출토된 연꽃무늬 청자는 구경 16.3cm, 높이 8.9cm, 저경 7.9cm 크기로 안쪽 8개, 바깥쪽 8개의 연꽃잎이 청

| 말이산 75호분 출토 연꽃무늬 청자

자를 감싸고 있는 형태이다. 오목새김과 돋을새김(음각·양각기법)을 모두 사용하여 입체감을 높였으며, 이러한 형태는 5세기 중국 유송(劉宋)대 청자 그릇의 대표 형태이다. 중국 강서성 홍주요(洪州窯)에서 제작된 것으로 추정되며, 중국 출토품과 비교해도 최상품으로 여겨진다. 국내 유사 사례로는 천안 용원리 고분군 C지구 1호 석실분 출토품을 들 수 있

다. 중국에서 출토된 남조 유송의 영초 원년(永初 元年, 402) 출토품과 원미(元微) 2년(474) 출토품과 비교·분석한 결과 제작 시기는 474년을 전후한 5세기 중후반 경인 것으로 추정된다.

아라가야 최고지배층 묘역인 함안 말이산고분군에서 중국 남조 최고급 청자가 출토되었다는 것은 5세기 후반 중국 남조와 아라가야가 교류하였다는 것을 보여준다. 『남제서』「동남이열전」의 가라국왕 하지(加羅國王 荷知)가 남제(479~502)에 사신을 파견하여 조공하고, 보국장군 본국왕(輔國將軍 本國王)의 작위를 받았다는 기록에서 기존의 대가야를 지칭한 것으로 알려져 있던 '가라국왕 하지'를 아라가야 왕으로 볼 수 있는 중요한 근거로도 해석된다.

말이산고분군의 특징

말이산고분군의 특징은 우선, 고분군은 1~2세기에는 널무덤이, 3~4세기 덧널무덤이, 5~6세기 돌덧널무덤과 6세기 이후 돌방무덤으로 변화하며, 북쪽에서부터 남쪽으로 순차적으로 조영되었다. 또한 말이산에서는 고분 이외에 다른 유구가 확인되지 않는다는 점에서 '말이산'은 왕과 최고지배층의 묘역으로서 계획적으로 조성 및 관리되었음을 알 수 있다.

다음으로 말이산고분군은 그 규모와 축조 방식에서 주변 고분군과 차별성을 가진다. 말이산고분군의 돌덧널무덤 매장주체부의 길이는 6~10m 정도로 인접한 선왕고분군

(4~7m), 필동고분군(4~6m) 등 주변 고분에 비해 월등히 큰 규모이다. 또한 돌덧널무덤 내부를 피장자, 부장, 순장의 세 개의 공간으로 분할하고, 무덤방 양측 벽과 단벽에 목가구 시설은 설치하는 것도 말이산고분군만의 특징이다.

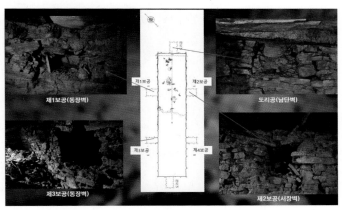

| 말이산 13호분 목가구시설

말이산고분군의 주변 유적

가야고분군의 입지와 경관은 중국의 도성 체제가 한국으로 유입되어 확립되기 이전의 초기 문명 중심지에서 조성된 경관을 보여주는 특별한 사례로 중요시된다. 특히 가야 각국의 중심지는 강과 바다를 이용한 교통의 요충지에 조성되었으며, 교역로나 생활공간에서 조망하기 유리한 구릉지나 산지를 선정하여 토성이나 왕궁지 및 생활공간을 조성하고, 이곳과 연계된 신성한 공간에 선조들의 무덤을 배치한 것은

49

가야 각국의 중심지에서 공통적으로 확인할 수 있다.

아라가야의 왕
릉이 조영된 '말이
산'은 가야읍의 중
심부에 위치한 해
발 30~60m의
독립구릉이다. 구
릉의 주능선이 남
북으로 2km가량
길게 뻗어 있으
며, 서쪽으로 10
개의 가지 능선
이 뻗어나가고 있
다. 고분은 주능

| 말이산고분군 주변 유적 현황

선과 가지능선의 정상부에 대형분을 조성하여 크고 높게 보
이도록 하였으며, 능선을 따라 고분을 연속적으로 배치하여
열을 지어 늘어선 모습을 연출하고 있다. 이러한 경관은 동
시기 다른 고분군 혹은 왕릉에서 찾아볼 수 없는 가야고분
군의 경관적 특징으로 말이산고분군에서 가장 잘 찾아볼 수
있다.

말이산고분군의 입지와 경관은 왕성으로 알려진 가야리유
적과 배후산성인 봉산산성, 당산유적과 밀접하게 연결되어
있다.

가야리유적

| 가야리유적 및 주변 발굴조사 현황

　말이산고분군에서 북서쪽으로 약 1.5km 떨어진 곳에 있
다. 가야리유적은 오래전부터 아라가야의 옛터 또는 왕성으
로 일컬어진 곳으로『함주지』를 시작으로『동국여지지』,『동
여도』,『대동지지』에서도 옛 나라의 터가 있던 곳으로 기록
한 곳이다. 현재까지 조사결과 해발 20~40m 구릉의 정상
부와 사면부를 이용하여 판축토성 및 목책을 설치한 가야리
유적은 그 둘레가 2.4km에 달해 한성백제의 왕성인 풍납
토성을 제외하곤 국내 왕성유적 중 최대 규모이다. 성벽은
구릉 안쪽의 평탄지를 감싸고, 북쪽의 급경사지에 가장 높
이 쌓았으며, 남쪽의 자연부락이 위치한 지점에는 목책을
설치한 것으로 추정된다. 가야리유적의 남쪽과 북쪽 경계에
는 소하천이 흐르고 있으며, 동쪽으로는 신음천의 범람을
막기 위한 가야리 제방유적이 있다. 가야리유적의 동쪽 끝
지점에서 시작하여 남북으로 V자 형태로 축조된 가야리 제

방유적은 해발 10m 내외로 잔존한 단면 제형의 제방유적으로, 신음천의 범람을 대비하고 제방 안의 땅을 경작하기 위해 축조한 것으로 생각된다.

말이산고분군 서구릉

가야리유적의 남쪽으로는 현재 말이산고분군 서구릉(구 남문외 고분군)이 있다. 『함주지』 '고적'조에 서말이산으로 표기된 이 고분군은 가야읍의 서남쪽에서 북쪽으로 흐르는 신음천의 하안 단구 위에 조성되어 있다. 2000년 경상남도 기념물로 지정되었으며, 2015년 11호분을 시작으로 6호분·7호분(2019), 15호분(2019)을 발굴조사한 결과 6세기 아라가야 최고지배층의 묘역임이 드러나 2021년에 기존 말이산고분군으로 편입되었다. 말이산 서구릉은 6세기 전반 가장 북동쪽의 1호분부터 조영이 시작되어 아라가야가 멸망하는 6세기 중엽까지 서남쪽으로 순차적으로 조영된 것으로 파악된다.

당산유적

가야리유적에서 동쪽으로 1.2km, 말이산고분군 동구릉에서 북쪽으로 600m 지점의 당산유적은 아라가야의 정치·외교의 공간으로 볼 수 있다. 2004년 함안군 충의공원 조성을 위한 발굴조사에서 해발 20~40m의 구릉 가운데 길이 3,996cm 너비 1,520cm의 초대형 건물지 1

동과 고상건물지, 수혈유구(豎穴遺構) 등이 확인되었다. 대형 건물의 가운데는 일렬로 6개의 기둥자리가 확인되었는데, 기둥의 간격은 560~668cm이고, 개별 기둥의 지름은 50~110cm에 달한다. 이러한 규모의 건물은 가야문화권은 물론 고구려·백제·신라에서도 확인되지 않는 규모로, 발굴 당시부터 『일본서기』 계체기 23년 3월의 안라 고당회의의 '고당'이라는 의견이 제시되었다. 주혈 안에서 유물이 출토되지 않아 정확한 시기는 알 수 없으나 주변에서 출토된 유물을 통해 볼 때 4~6세기로 볼 수 있다. 대형건물지 주변에서 4주식, 9주식의 고상가옥과 더불어 제사 용도로 보이는 수혈과 유물들이 다수 확인되었다.

봉산산성

왕성인 가야리유적의 배후에 위치한 삼봉산(三峯山, 해발 272.2m) 정상부에 위치한 가야산성으로, 정상부 봉우리를 둘러싸고 있는 내성과 산의 남사면을 두르고 있는 외성으로 축조된 복곽성으로 추정된다. 2023년 이루어진 시굴조사에서 5~6세기대 가야토기가 채집되었고, 이미 조사된 안곡산성·칠원산성 등과 유사한 평면 형태를 볼 때 아라가야의 산성으로 볼 수 있다.

가야고분군의 정수를 담은 말이산고분군

왕릉인 말이산고분군과 왕성인 가야리유적, 배후산성인 봉산산성은 아라가야 왕도(王都) 혹은 국읍(國邑)의 중심축으로 직선상에 배치되

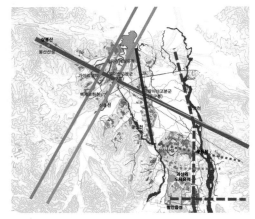

| 아라가야 왕도의 골격축

어 있다. 이 중심축을 기준으로 생활공간 및 특수시설(당산유적), 생산시설 등이 배치되어 왕도의 모습을 형성하고 있다. 또한 이 유적들은 경관적으로 연결되어 상호 부감경관(俯瞰景觀)으로서 그 가치를 더해주고 있다. 즉 말이산고분군의 경관적 가치는 북쪽의 가야리유적과 봉산산성, 당산유적이 배경이 되었을 때 1,500년전 가야인들이 남긴 기념물로서의 진정한 세계유산적 가치를 가진다고 할 수 있다. 또한 가야리유적, 봉산산성, 당산유적 역시 말이산고분군과 경관적 연계로 유적의 가치가 더 높아진다고 할 수 있다. 이러한 세계유산의 경관 가치의 보존을 위해 함안군에서는 가야리유적에서 말이산고분군을 거쳐 성산산성을 포함하는 통합 역사문화환경 보존계획을 수립하여 시행 중이다.

7개의 가야고분군 중 가장 오랫동안 조영된 말이산고분군은 가야고분의 변천 과정을 공간적 변화와 함께 한눈에 살필 수 있어 가야고분군의 이해에 매우 좋은 유적이다. 또한 함안박물관 및 고분전시관에서는 고분군에서 출토된 유물과 함께 고분군 내부를 실제 모습으로 재현하여 고분구조에 대한 이해도 돕고 있다. 또한 낮은 구릉인 말이산은 남녀노소 누구나 손쉽게 오를 수 있으며, 고분군 정상부에 올라 바라보면 열을 지어 늘어선 거대한 고분의 경관에 탄복하게 된다.

 무엇보다 말이산고분군이 위치한 가야읍은 아라가야 왕도의 모습이 온전히 보존되어 있어 단순한 무덤이 아닌 기념물로서 고분을 축조한 가야인들의 숨결과 고분군의 진정한 OUV(탁월한 보편적 가치)를 느낄 수 있는 대표 공간이라 할 수 있다.

 따라서 세계유산 가야고분군을 알고 싶다면 말이산고분군에서부터...

〈참고문헌〉

함안군, 「아라가야 연구복원사업 마스터플랜」, 2020.

문화재청, 「역사문화권 가치증진을 위한 디자인가이드 개발 연구」, 2022.

조신규, 「최신조사 성과를 통해 본 아라가야의 재인식」, 『가야사의 제 문제』, 선인, 2021.

조신규, 「아라가야 역사도시 조성 추진의 배경 및 계획」 제2회 가야정
　　책포럼, 경상남도·경남연구원, 2022.

동아세아문화재연구원, 「함안 충의공원 조성부지 내 문화유적 발굴조
　　사 보고서」, 함안군, 2006.

함안군·두류문화연구원, 「함안 말이산고분군 정비사업부지 내 유적」,
　　2021.

함안군·경남연구원, 「함안 말이산고분군 75호분 발굴조사 약식보고
　　서」, 2021.

국립가야문화재연구소, 「함안 우거리 토기가마 I 」, 국립가야문화재연
　　구소, 2021.

국립가야문화재연구소, 「함안 가야리유적 I 」, 국립가야문화재연구소,
　　2023.

세계유산센터(https://whc.unesco.org)

대한민국 정책브리핑(https://www.korea.kr)

3) 교동과 송현동고분군 _ 양화영

| 창녕 교동과 송현동 고분군 전경

비화가야로 알려진 창녕지역도 문헌자료와 고고학 발굴
자료를 통해 그 존재와 범위을 확인할 수 있다. 창녕이 처음
문헌에 등장한 것은『삼국지』위서 동이전 변진조에 전하는
불사국(不斯國)이다. 국명 앞에 변진이 붙지 않는 것으로 보
아 당시 불사국은 진한 12국의 하나로 추정된다.

또『일본서기』신공기 49년의 비자발(比自㶱),『삼국사기』
본기와 지리지에서 비자화(非自火)·비지국(比只國)·비사벌(比
斯伐),『삼국유사』에 비화(非火), 금석문인 561년 진흥왕척경
비에 비자벌(比子伐)로 표기되어 있다.

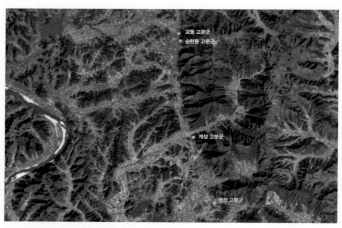

| 창녕의 주요 고분군 위치도

창녕은 불사국일 때는 진한에 속하였으나, 어느 시점에
가야였다가 다시 신라로 편입되는 복잡한 과정을 거친 소국
이었다. 이는 창녕이 신라가 낙동강 서쪽으로 진출하기 위
해 반드시 확보해야 하는 요충지면서 가야로서는 신라의 진

58

출을 막기 위한 최전선인 낙동강 동쪽에 위치한 지리적 요인 때문이다. 이에 창녕은 다른 가야보다 먼저 신라화가 되었다고 할 수 있다.

창녕의 지형은 북쪽에는 산지, 중앙부와 남부에는 평지, 서부에는 구릉이 형성되어 있다. 즉, 동쪽과 북동쪽으로는 비슬산·화왕산·관룡산·영축산·화양산·열왕산 등 높은 산지가 남북으로 이어지고, 서쪽으로는 해발 200m 이하의 구릉성 산지와 곡저평야가 위치한다. 서남쪽으로 낙동강이 흐르고, 그 영향으로 우포·사지포·석곡호·장척호 등 자연호와 배후습지가 넓게 분포하고 있다.

창녕에는 산성과 고분군, 건물지 등 비화가야의 성격을 알 수 있는 많은 유적이 산재되어 있는데, 특히 고분군은 창녕지역 고대문화의 특성을 가장 잘 나타낸다. 고분군은 초대형 봉토분인 교동과 송현동고분군을 비롯하여 계성고분군, 영산고분군 등이 존재한다. 특히 교동과 송현동고분군은 비화가야 지배층의 무덤으로, 고분의 규모와 분포 범위에 있어서도 가장 탁월하며, 고분군이 집중 조성된 5~6세기 창녕의 정치적 위상을 추정해 볼 수 있는 유적이다.

수난의 역사, 일제강점기의 교동과 송현동 고분군

창녕지역의 고분군은 일제강점기 '임나일본부설'의 실체를 규명하기 위해 일본인 학자와 수집가에 의하여 여러 차례 조사 및 도굴이 자행되었고, 다량의 유물이 반출되었다. 당시 유물은 마차 40대분과 화차 2량분이 반출되었다고 하는데, 현재 국립도쿄박물관의 오구라컬렉션 중에 창녕출토 가야유물 9점이 일본 중요문화재로 지정되어 있다.

창녕지역의 고분군은 일본인 학자 세키노 타다시[關野貞]에 의해 처음으로 알려졌다. 세키노는 1909~1915년까지 조선통감부의 의뢰를 받아 한반도의 고적 연구를 실시했는데, 1910년에는 창녕지역을 조사하였다. 또 도리이 류조[鳥居龍藏]는 1910~1915년까지 조선총독부의 사료조사 명목으로 한반도 전역을 답사했는데, 1914년 3월에 창녕지역 고분에 대한 현장조사를 하였다. 쿠로이타 카츠미[黑板勝美]는 1916년 6월 15일~16일에 창녕 목마산성과 그 아래의 고분군, 진흥왕척경비, 송현동석불, 술정리석탑 등을 조사하였다.

1910~1916년까지 창녕지역 고분조사는 일본학자에 의해 비체계적이고 단발적으로 진행되었고, 파괴된 고분 위주로 관찰·수집·기록하는 것에 그쳤다. 당시 조사 내용이 기록된 보고서는 남아 있지 않고, 일부가 『고고학잡지』·『조선고적도보』에 실리거나, 국립중앙박물관의 유리원판 사진으로 남아 있다.

1916년 조선총독부 산하에 고적조사위원회의 발족으로 고적조사 5개년 계획이 수립되었다. 1917년부터 조선총독부 고적조사위원 이마니시 류[今西龍]는 창녕읍의 고분군, 화왕산성, 목마산성, 진흥왕척경비와 영산면의 고분군과 읍성, 계성면의 고분군과 산성을 조사하였다. 교동과 송현동 고분군의 군집 양상을 6개군으로 분류하고, 각 군마다 중요

고분에 번호를 부여한 분포도를 작성하였다.

1918년 10월 고적조사위원 하마다 고사쿠[濱田耕作]는 최초로 창녕 교동과 송현동고분군을 발굴조사했다. 교동 21호와 31호분을 발굴하였는데, 10월 17일 오전에는 교동 21호분을, 19일 오후부터 22일 오전까지는 교동 31호분을 조사하였다. 이 발굴조사는 『대정칠년도고적조사보고』에 기재되었는데, 일제강점기 창녕지역에서 발굴된 고분조사 중 유일한 보고서이다.

| 1931년 교동과 송현동고분군 분포도와 교동 12호분 전경(국립김해박물관)

또 야츠이 세이이치[谷井濟一]는 1918년 12월에 교동 5호~8호분을, 1919년 1월에 교동 10·12·89·91호분 등에 대해 발굴조사를 했다. 당시 단일 유적으로는 드물게 9기의 고분을 한꺼번에 발굴하였다. 금동관·금제 귀걸이·은제 띠장식(대금구)·장식대도 등 엄청난 유물이 출토되었고, 창녕지역 최대 출토량으로 세간의 주목을 받았다. 그러나 정식 발굴조사 보고서는 간행되지 않았다.

야츠이의 교동고분군 발굴 이후 고분에 대한 도굴과 훼손만 자행될 뿐 별다른 조사나 관리가 이루어지지 않다가,

1930년대 창녕 교동과 송현동고분군에 대한 정비와 조사가 이루어졌다. 1931년 2월에 조선총독부 박물관 다나카 슈조[田中酒造]의 보고를 통해 창녕 고분의 도굴 실태 파악과 피해가 알려졌다. 같은 해 도굴 신고가 접수되어 고이즈미 아키오[小泉顯夫]가 교동 116호분과 117호분을 긴급 발굴조사하기도 하였다. 그러나 공식적인 보고가 이루어지지 않았고, 이 조사를 마지막으로 정식 발굴조사는 더 이상 진행되지 않았다.

1939년 교동과 송현동고분군은 조선총독부 고시 제857호에 의해 고적 제114호, 고적 제115호로 지정되어 관리되었다.

광복 이후 교동과 송현동고분군의 정비, 발굴조사

광복 이후에도 교동과 송현동고분군은 관리 및 조사가 이루어지지 않아 훼손은 계속되었다. 1963년이 되어서야 사적 제80호와 제81호로 지정되었다. 2011년에 문화재청은 문화재의 역사성과 특수성을 고려하여 교동과 송현동고분군을 통합하여 사적 제514호 '창녕 교동과 송현동고분군'으로 재지정했다.

교동과 송현동고분군은 광복 이후 대형고분 중 가장 많은 발굴조사가 실시되었다. 1992년 동아대박물관에서 교동1호~5호 발굴조사를 시작하였고, 최근까지 발굴전문기관과 국립가야문화재연구소에서 약 20건 이상 지표 및 발굴조사를 실시하여 창녕지역 고분의 구조와 성격, 관리 및 정비를 위한 기초자료가 마련되었다.

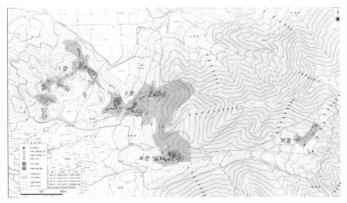

| 교동과 송현동 고분군 분포도(우리문화재연구원, 2014)

　교동과 송현동고분군은 창녕지역 5~6세기의 대표 고분
군으로, 화왕산의 서쪽 산자락에 200여 기가 넘는 봉토분
이 분포하고 있다. 거대한 분구 형태인 고분을 중심으로 주
변에 중소형 고분이 군집·분포하는데, 이러한 배치 방식을
통해 가야지배층의 계층분화 모습을 알 수 있다. 고분의 매
장주체부는 대형분의 경우 평면 형태가 세장방형인 굴식[횡
혈식] 또는 앞트기식[횡구식] 돌방무덤[석실묘]이 대부분이며,
주변 중소형 고분은 구덩식 돌덧널무덤[수혈식 석곽묘]이 대
부분이다. 분포 양상은 4개의 군집을 이루는데, 교동 I 지
구는 창녕향교의 북쪽 구릉에 대형분인 7호분을 중심으로
주변에 중소형분이 밀집하고 있다. 교동 II 지구는 목마산성
서쪽에 인접하여 창녕박물관을 중심으로 동·서쪽에 53기
가 밀집·분포되어 있다. 송현 I 지구는 목마산성 남서쪽에

능선을 따라 열상으로 배치되어 있는데, 능선 상위 동쪽에 6·7호분, 15·16호분과 같이 표주박 모양을 띠는 대형의 고총과 중소형 고분이 집중적으로 분포하고 있다. 송현Ⅱ지구는 목마산성 남동쪽에 분포하는데, 능선 상위의 1호분을 중심으로 아래쪽으로 중소형 고분이 배치되어 있다.

창녕에서 확인된 신라식 무덤, 교동Ⅰ지구 12호분

교동Ⅰ지구 12호분은 초대형분인 7호분에서 동남쪽 능선 상에 11호분과 20m 정도 떨어진 지점에 있다. 최초 확인 당시 봉토 중앙에는 직경 4~6m, 깊이 2m 정도 도굴갱과 내부 석재가 흩어져 있었다. 이곳은 1919년 야츠이에 의해 발굴조사 되었으나, 당시 도면과 사진, 출토유물 일부만 남아 있고, 정식보고는 되지 않았다. 2012년 무덤의 성격 및 봉토축조 방식을 파악하기 위한 트렌치 조사를 하여 매장주체부가 돌무지덧널무덤[적석목곽묘]인 것을 확인하였다.

| 교동 12호분 매장주체부 전경 및 출토 유물−은제 요패, 금귀걸이(국립김해박물관)

무덤은 반지하식 묘광, 1차 봉토, 덧널[목곽] 주위의 적석, 원형 봉토 등을 갖춘 경주 중소형 돌무지덧널무덤과 거

의 동일한 방법으로 만든 것이다. 덧널의 크기와 비율도 창
녕지역의 세장방형 평면과 구분되는 장방형이며, 내부에서
도 피장자의 칸, 머리 위에 유물부장 칸을 둔 것, 착장한 유
물의 조합 등이 경주의 중소형분과 거의 일치한다. 이로 보
아 교동 12호분은 경주 출신의 공인에 의해 경주식으로 만
들어진 창녕지역의 무덤에 신라 왕경 귀족 출신 여성이 묻
힌 것으로 추정되고 있다. 출토 유물로 볼 때 무덤 주인공은
비교적 높은 신분의 여성인데, 최고 수장무덤인 7호분 주변
에 축조된 것으로 보아, 지배층과 관련된 인물의 무덤으로
보여진다. 무덤은 6세기 전반에 조성된 것으로 당시 신라와
의 정치적 상황을 파악하는데 중요한 기초자료로 활용되고
있다.

최초의 녹나무 목관, 송현 I 지구 7호분

7호분은 6호분의 북쪽에서 연결되는 양상인데, 의도적으
로 단일분 형태로 만들었다. 6·7호분 전체 평면은 표주박
모양이다. 후대 경작지 개간으로 상부가 대부분 삭평되어 원
형을 알 수 없고, 개석 일부가 노출되어 있었다. 7호의 규모
는 동서 직경이 약 21m, 잔존 높이는 5.12m이다.

매장주체부는 앞트기식 돌방무덤이며, 평면은 세장방형
이다. 무덤방 천장에는 뚜껑돌[개석] 9매를 덮었고, 그 틈은
깬돌로 메웠다. 앞트기식은 북쪽 단벽에 설치하고, 서쪽 장
벽에 길이 약 2.4m 정도의 묘도(墓道)를 만들었다. 바닥에
는 깬돌로 장방형 널받침[관대]과 고임석을 놓고, 널받침과

65

| 6호·7호분 전경(국립가야문화재연구소, 2011)

출입구 사이에는 사선 방향으로 재목(각재)을 12매 깔아 바닥시설을 하였다.

  나무널은 주관재와 부관재, 목관편이 확인되었고, 처음부터 뚜껑이 없었던 것으로 추정된다. 규모는 길이 3.3m, 폭 0.9m이다. 주관재의 수종은 녹나무이며, 부관재는 밤나무인데, 밤나무를 쓴 것은 녹나무 재료 확보가 쉽지 않았기 때문일 가능성이 높다.

  나무널은 홈의 결합 상태로 보아 준구조선의 바닥재를 전용한 것으로 '녹나무'의 기능적인 특성을 이용하였음을 알 수 있다. 녹나무는 한국에서는 제주도에만 자생하고, 일본·대만·중국에 분포하는데, 강한 향이 있어 벌레가 먹지 않고 잘 썩지 않아 예로부터 왕후 귀족의 관제로 많이 사용되었다. 7호 나무널도 녹나무가 주관재로 사용되어 해충 침

66

입을 막고, 나무널의 부식을 억제하여 시신을 보호하는 역할을 한 것이다.

7호분은 무덤방에 2곳의 도굴갱이 확인되었으나, 내부에 퇴적된 점토 때문에 도굴되지는 않았고, 이로 말미암아 저습한 환경이 유지되어 목제 유물 등 많은 유기질 유물이 출토되었다. 유물은 토기류·금속류·목제류 등 약 500여 점이 출토되었다.

무덤방에서는 목제 방형합세트와 국자형 칠기 등과 긴목항아리[장경호], 뚜껑있는 굽다리접시[유개고배] 등 기종별로 토기류 5개가 소쿠리에 담겨 있었고, 그 안에 복숭아씨·참외씨 등이 출토되었다. 목관의 동편에는 초본류와 봉상칠기, 컵형목기 등 목기와 철제 화살 60여 개 한묶음, 긴목항아리 등이 출토되었다. 서편에는 봉상칠기, 부채손잡이 등의 목기와 목심칠기안장틀[안교]편과 금동으로 투조된 띠장식[금구] 등의 마구류와 무구류가 출토되었는데, 유기물이 덮여있어 최초 부장 당시의 모습을 유지하고 있다. 내부에서는 치아가 발견되었는데 20대 후반의 여성인 것으로 밝혀졌다.

무덤방의 입구부에서 인골 2개체가 확인되었는데, 북쪽 막음돌 부근의 인골은 40대로 신장은 164.4㎝로 밝혀졌다. 중앙부의 인골은 30대로 신장은 160.4㎝로 밝혀졌는데, 이들은 출토 위치로 보아 순장자일 가능성이 높다.

7호분은 5세기 말~6세기 초 조성된 것으로 일본에서 수입된 배가 용도 폐기된 후 나무널 재료[관재]로 재사용되었을 것으로 추정되고 있다. 또 전형적인 창녕양식 토기와 신라양식 토기가 다수 확인되었고, 경주 신라고분 출토품과 유사한 금속 유물이 다량으로 출토되어 창녕지역이 신라화되어 가는 과정임을 알 수 있다. 특히 신라계와 가야계의 말안장 세트가 출토되었고, 그동안 실체가 없었던 목관이 확인되었다는 것에 의의가 있으며, 이 녹나무재 나무널과 신라계 유물을 통해 비화가야는 신라와 일본과의 활발한 교류관계를 유지하였다는 것을 알 수 있다.

순장녀 송현이 탄생, 송현 I 지구 15호분

| 15호 · 16호분 전경(국립가야문화재연구소)

송현 I 지구 15호가 발굴조사되었다. 이곳은 봉토 상부에 직경 5m정도 도굴갱과 무덤방의 단벽이 이미 드러난 상

태로 훼손이 심하였다. 앞트기식 돌방무덤으로 입구는 북쪽 단벽에 설치하였는데, 내외부에서 추가장이나 재시공을 하지 않았다. 무덤방은 심각한 도굴로 인해 주피장자의 인골, 관 시설, 유물 등은 확인되지 않고, 남쪽 단벽 부근에서 고배편 일부만 확인된다. 또 무덤방 천장에는 뚜껑돌 8매를 덮었고, 무덤방 바닥과 벽면, 천장에는 회칠을 하였다.

순장자는 무덤방에서 4구가 확인되었다. 남쪽에서 남성-여성-남성-여성 순이며, 각각 1호에서 4호 인골로 명명되었다. 순장인골의 1·3호는 남성, 2호·4호는 여성으로 추정되며, 도굴 때문에 1~3호 순장인골은 대부분 훼손되었으나 가장 안쪽의 4호 인골은 비교적 양호하게 남아 있었다.

순장인골 4구는『창녕 송현동15호분 순장인골 복원연구』로 2008년 7월부터 2009년 11월까지 국립가야문화재연구소에서 진행되었다. 고고학을 비롯하여 유전학·생화학·법의학·해부학·조형학·물리학 등 학제간 융복합연구를 진행하였고, 4호 순장인골은 컴퓨터 단층촬영, 3차원 정밀스캔, 3차원 모델링 및 특수 분장기법을 통해 인체가 복원되었다. 이 복원된 인골은 출토된 유적의 이름을 따서 '송현이'라 이름 지었고, 복원 모형이 공개 및 전시되어 학계뿐 아니라 일반인에게도 큰 관심을 끌었다.

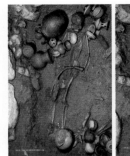

| 송현이 노출된 모습, 복원 전후 모습(국립가야문화재연구소)

　1~3호 인골은 신장 추정은 어려웠으나, 골단 닫힘 흔적으로 볼 때 젊은 성인일 가능성이 제기되었다. 고DNA분석을 통해 남성 2기의 인골은 동일한 모계 자손일 것으로 추정되었다. 송현이는 추정 신장이 152~159.6㎝이며, 만 16세 전후로 정강이뼈와 종아리뼈를 많이 사용한 흔적으로 보아 생전에 시녀였을 가능성이 높다. 사망 원인은 중독사 또는 질식사로 추정되었다.

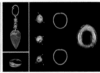

| 15호분 출토 유물(국립가야문화재연구소)

도굴꾼도 뚫지 못한 완전한 무덤, 교동Ⅱ지구 63호분

　교동Ⅱ지구 63호분은 나중에 만들어진 39호분 봉토 때문에 도굴의 피해 없이 온전히 남아 있는데, 직경 21m, 높이 7m로 남북이 약간 긴 타원형분이다. 무덤은 앞트기식 돌방무덤으로, 무덤방 천장에 7매의 뚜껑돌을 얹고, 빈틈을 깬 돌로 메운 뒤 점토를 발라 밀봉하였다.

무덤방은 중앙에 시신을 안치하고, 머리 위쪽에는 길이 1.9m, 너비 1.3m의 부장공간을 두어 유물을 부장하고, 발치 아래에는 바닥을 약 40㎝정도 낮춰 순장공간을 마련하였다. 또 꺾쇠의 출토로 보아 나무널을 사용하였다. 무덤의 주인공은 매장 당시의 착장품 일체가 확인되는데, 머리에 금동관, 양쪽 귀에 금제 굵은 고리귀걸이, 목과 가슴에 유리구슬로 만든 목걸이, 허리에 2개의 은장식 손칼과 띠끝장식이 드리개로 덧붙여진 은제 허리띠가 확인된다. 양손에는 각각 1개와 3개의 은반지, 오른쪽에는 원형금판에 연결된 곱은옥과 구슬이 확인되었다.

63호분의 피장자는 여자로 추정되며, 출토된 장신구는 신라계 유물로 창녕 지배층이 신라에서 받은 위세품이나 모방품으로 추정된다. 그러나 일부 학계에서는 장신구 착장방식으로 보아 창녕지역이 이미 신라에 편입되었다는 증거로 이

| 유물 출토모습(국립가야문화재연구소, 2020)

해하기도 했다.

또 무덤 주인공 발치에서 약 40㎝ 정도 낮춘 순장공간 내 목관에는 순장자 2명을 안치하였고, 무덤방 출입구 북서쪽 돌널[석곽] 안에는 온전한 상태의 개 3마리를 포개어서 매장한 것이 처음으로 확인되었다. 이처럼 창녕의 고분군에서 무덤 주변에 개를 매납한 흔적은 교동 7호분과 교동 14호분에서도 확인된다.

63호에서 돌널의 위치와 개 뼈가 놓인 상태로 보아 무덤을 지키는 진묘수의 역할을 하였던 것으로 추정된다. 63호 발굴조사는 무덤의 축조기법과 장송의례를 이해하고, 정치적으로 복잡하고 다양한 문화가 나타나는 창녕지역의 성격을 이해하는데 중요한 기초자료가 될 것이다.

세계유산, 교동과 송현동 고분군

2023년 9월 가야고분군이 한국에서 16번째로 세계유산에 등재되었다. 가야고분군은 한반도에 존재했던 1~6세기 고대문명 가야를 대표하는 7개 고분군으로 이루어진 연속유산으로, 문화적 전통 또는 현존하거나 이미 사라진 문명의 독보적이거나 적어도 특출한 증거가 된다는 기준에 의해 등재된 것이다.

연맹이라는 독특한 정치체계를 유지하면서 주변의 중앙집권적 고대국가와 병존했던 가야 문명을 실증하는 독보적 증거가 가야고분군이며, 이를 통해 동아시아 고대문명의 한 유형을 보여주는 중요한 유적이라는 것을 의미한다. 그중에 창녕 교동과 송현동고분군은 가야와 신라의 문화가 융합된 비화가야 지배자들의 무덤이란 가치를 인정받아 세계유산에 등재되었다.

5세기 중엽 이후 교동과 송현동고분군은 초대형분을 중심으로 중대형분이 위성식으로 분포하는 가야고분군의 독특한 입지를 보여주고 있다. 이 시기에는 돌방무덤 고총고분이 축조되고 추가장이 행해지지 않는 독특한 장법을 보이며, 봉분의 형태도 혈연(친연)관계에 이어붙은 형태가 확인된다. 토기 생산에서도 창녕만의 독특한 지역색과 독자적인 생산체계를 갖추었다. 또한 마구류를 포함한 금공품 등 신라와 관련된 유물이 많은데, 이는 고분군 성립 과정에서 신라와 밀접한 관계를 가졌던 것으로 파악된다. 이외에도 녹나무 목관 등을 통해 일본 열도와 다양한 교류를 하였음을 알 수 있다.

비화가야의 대표 무덤인 교동과 송현동고분군은 세계유산 등재를 통해 한국을 넘어 세계인이 보존해야 할 가치를 인정받았다. 정부의 철저한 관리와 보존은 말할 것도 없고, 지역민들의 애정어린 관심도 필요하다.

〈참고문헌〉

국립가야문화재연구소, 『창녕 송현동고분군 6·7호분 발굴조사 개보』, 2006.

＿＿＿＿＿＿＿＿, 『1500해앞 16살 여성의 삶과 죽음－창녕 송현
동 15호분 순장인물의 복원연구－』, 2009.

＿＿＿＿＿＿＿＿, 『창녕 송현동고분군Ⅰ－6·7호분 발굴조사보
고－』, 2011.

＿＿＿＿＿＿＿＿, 『창녕 송현동고분군Ⅱ－15～17호분 발굴조사
보고－』, 2012

＿＿＿＿＿＿＿＿, 『창녕 교동 88호분 발굴조사보고서』, 2015

국립김해박물관 외, 『비사벌』, 2010.

국립김해박물관, 『비사벌의 지배자 그 기억을 더듬다』, 2014.

가야고분군등재추진단, 『가야고분군Ⅲ』, 2018.

4) 송학동고분군 _ 안홍좌

지난 해 9월 제45차 세계유산위원회 회의에서 한반도 남부의 가야 문화가 세계적인 인정을 받았다. 고성 송학동고분군을 포함해 7곳의 '가야고분군'이 유네스코 세계유산으로 등재된 것이다.

고성 송학동고분군은 고성분지에 위치하고 있다. 이 고분군을 통해 고성지역에 존재했던 소가야의 발전과 당시의 가야사회를 이해할 수 있다.

일제강점기의 흔적이 새겨진 송학동고분군

경상남도 고성군 고성읍 송학리 470번지에 위치한 무기산(舞妓山) 또는 무학산(舞鶴山)은 해발 25m 전후의 낮은 구릉이다. 이곳은 고성분지의 중심지로 소가야 지배층의 무덤인 고성 송학동고분군이 위치해 있어 가야의 역사와 문화를 이해하는데 중요한 역할을 하고 있다.

고분군은 제국주의 일본의 관심대상이었다. 일제강점기 일본은 한반도의 유적들에 대한 조사를 대대적으로 실시했다. 특히 가야고분군에 대한 관심은 식민지배의 정당성을 확보하기 위한 근거 마련이 목적이었다. 즉 '임나일본부설'의 확인이었던 것이다.

1914년 2월, 조선총독부는 역사교과서 편찬을 위한 고성지역 사료 조사를 실시하였다. 이에 인류학자 도리이 류조[鳥居龍藏]는 고성 인근 고분군들을 조사했다. 현재 송학동 1A-1호가 주요 대상이었다.

| 1914년 고성 고분 발굴 사진 유리건판, 출토된 철기편과 토기 사진(국립중앙박물관)

　이 발굴조사에 대한 정식 보고서가 없어 조사가 어떤 과정
으로 진행되었는지, 무덤이 어떤 상태였는지, 확인된 유물
이 어떤 것이었는지 등은 알기 어렵다. 그나마 유리건판 사
진이 남아있어 그 모습을 추측할 수 있을 뿐이다. 1914년
1A-1호 무덤에서 출토된 유물 중에는 철제 도구와 더불어
가야 뿐만 아니라 신라의 토기도 확인된다.

　송학동고분군은 일제강점기 동안 한 차례 더 조사되었는
데, 1918년 야쓰이 세이이쓰[谷井濟一]에 의해 이루어졌다.
하지만, 1918년 조사와 관련해서는 2컷의 전경 유리건판
사진을 제외하고는 구체적인 정보가 전해지지 않는다. 송학
동고분군은 1963년 1월에 사적으로 지정되었다. 2011년
동아세아문화재연구원과 2020년 삼강문화재연구원의 조사
결과에 따르면, 고성읍에 마을이 들어서면서 주변의 고분들

이 많이 훼손된 것으로 파악되고 있다.

소가야의 중심, 송학동고분군

송학동고분군은 1999년부터 2021년까지 발굴 조사된 가야의 대표적인 고분군이다. 가야, 그중에서도 소가야의 고분문화와 정치적 발전을 연구하는데 귀중한 자료를 제공하고 있다. 총 16기의 고분이 발견된 이곳은 4세기부터 6세기까지 가야의 무덤 형식과 토기양식 변화를 살펴볼 수 있다.

| 고성군 고성읍과 송학동고분군 분포도(고성군청)

송학동고분군은 크게 무학산의 고분군(9기: 1~7호, 11·12호)과 도심지역 고분군(3기: 8·9·10호), 기월리의 고분군(2기: 13·14호), 철성고등학교 인근의 고분군(2기: 15·16호)으로 나뉘어 있다. 원래 도심에 있는 고분군은 송학동 제2고분군, 기월리에 위치한 고분군은 기월리고분군으로 불렸으나, 현재는 3곳 모두 '송학동고분군'으로 통합되었다.

이 중 가장 크고 중요한 고분군은 무학산 고분군이다. 무학산 고분군에는 9기의 고분이 있는데, 그 중 가장 특이한 고분은 정상에 있는 1호 무덤이다. 일본의 전방후원분과 비슷한 모양으로 보이지만, 사실은 3개의 고분이 합쳐진 것이다. 먼저 남쪽 방향의 1A호 무덤이 만들어지고, 그 다음 북쪽 방향에 1B호 무덤이 1A호에 붙여서 만들어졌다. 마지막으로 두 무덤 사이에 1C호 무덤이 들어서며 완성되었는데, 5세기 후반부터 6세기 전반경에 걸쳐 조성되었다.

무학산고분군이 포함된 송학동고분군은 소가야의 중심 고분군으로 5~6세기 후기 가야의 대외교류의 중심에 위치했던 소가야를 대표하며, 고성의 심벌마크와 같은 존재이다. 특히, 고성 송학동고분군은 다른 가야 고분군과는 달리 선봉토 후매장 방식을 취하고 있다. 먼저 봉토를 축조한 뒤 상부를 굴착해 석곽 혹은 석실을 조성하는 분구묘 구조로 되어 있다. 이러한 고분 구조는 소가야가 가진 토목 공법을 보여주는 것으로 해석된다.

송학동 고분군에서는 고성지역의 가야 무덤 형식의 변천을 이해할 수 있다. 가장 이른 시기의 무덤은 4세기경의 덧널무덤[목곽묘]이다. 이 무덤은 남강지류의 경남 서남부지역과 밀접한 관계가 있었음을 보여준다. 다음 시기의 무덤은 5세기 후반부터 6세기 전반경의 구덩식돌덧널무덤[수혈식석곽묘]이다. 이 무덤은 가야의 전통적인 무덤 형식이지만, 다른 지역과 다른 분구묘라는 특징이 있다. 마지막 시기의 것은 6세기 전반과 중반의 굴식돌방무덤[횡혈식석실묘]이다. 전남지역과 일본의 영향을 받은 것으로 보인다.

송학동고분군은 일제강점기를 제외하고 3차례의 발굴조사가 이루어졌다. 이를 통해 고성지역 뿐 아니라 남해안 가야지역에 큰 영향을 미친 소가야의 역할과 영향력을 연구하는데 필요한 많은 유물을 확보하게 되었다.

소가야의 발전, 송학동고분군

송학동고분군이 위치한 고성평야에는 동외동유적을 비롯해 청동기시대에서 초기철기시대에 이르는 여러 유적이 있어, 일찍부터 사람들이 살았던 곳임을 확인할 수 있다. 송학동 고분군은 다른 고분군과 비교하면 봉토분 숫자는 적은 편이지만, 가야 고유의 특성이 잘 드러나고 있다. 소가야의 중심 고분군으로 그들만의 독특한 문화를 만들고 발전시켰음을 보여준다.

덧널무덤 1E호, 4세기 소가야와 진주지역.

이곳의 가장 이른 시기의 무덤은 4세기경으로 추정되는 1E호 무덤이다. 이 무덤은 덧널무덤[목곽묘]으로 1A호 무덤 내에서 확인되었는데, 1A호 무덤을 만들 때에는 봉분이 남아 있었던 것으로 추정된다. 1E호 무덤은 발굴 당시에는 나무가 썩어 사라졌지만, 내부에서는 여러 가지 토기와 철기가 확인되었다. 비슷한 시기로 추정되는 무덤이 7호 무덤 발굴 과정에서 확인되었는데, 같은 양식을 사용했다. 현재까지 고성 읍내에서 확인된 4세기 이전 무덤들이 많지 않아

단언하기는 힘들지만, 이 지역의 무덤문화가 인근 다른 가야지역과 다름없는 덧널무덤이었을 가능성이 크다. 1E에서 확인된 토기를 볼 때, 4세기대 고성지역은 진주지역을 비롯한 남강지류의 경남 서남부지역과 교류하고 있었을 가능성을 엿볼 수 있다.

5세기 소가야 문화, 구덩식돌덧널무덤 1A호, 13호, 7호, 8호

송학동고분군에서 확인된 구덩식돌덧널무덤은 크게 1A호, 13호, 7호, 8호 무덤이다. 13호와 7호, 8호 무덤은 많은 훼손으로 봉분이 거의 남아 있지 않아, 무덤 내부의 모습이 정확하게 확인되지는 않는다. 하지만 봉분이 모두 같은 양식으로 만들어졌고, 확인된 유물의 시기도 비슷해서 모두 5세기 후반부터 6세기 전반경 무덤으로 파악된다. 구덩식돌덧널무덤 자체의 형식만으로 본다면 가야지역 무덤 형식의 전통을 어느 정도 지키고 있는 보수적인 고분이다. 이 고분들에서 출토된 토기들은 현재 소가야 양식토기로 분류되고 있다. 경남 서부지역의 남강 수계와 남해안에 형성된 만을 거점으로 조성된 다수의 고분군에서 같은 양식의 토기가 확인되고 있어서, 이들 지역을 소가야연맹으로 보거나, 소가야문화권으로 보기도 한다.

교류의 흔적, 송학동 고분군.

송학동 고분군에서는 다양한 형식의 무덤과 유물이 출토되었다. 이것은 당시 고성지역의 가야세력이 외부와 널리 교류했음을 보여준다.

소가야 왕급 무덤의 특징과 변화, 굴식돌방무덤 1B-1호

6세기 전반으로 추정되는 1B-1호 무덤은 송학동고분군에서 가장 화려한 무덤이다. 이 무덤은 전남지역과 일본의 영향을 받은 굴식돌방무덤으로, 내부가 붉은색으로 칠해져 있다. 무덤 주변에는 도랑과 그 내부에 원통형 토기가 있어 일본의 전방후원분과 관련성이 확인되기도 한다. 무덤에서는 일본 이모가이 조개로 장식된 말띠 꾸미개와 소가야 양식 토기를 바탕으로 대가야·신라·일본 등 다양한 형식의 토기들이 출토되었다. 소가야가 대가야·신라·일본 등지와 적극적으로 교류했음을 암시한다.

| 1B-1호 채색 흔적(고성군청)

소가야 멸망시기의 흔적, 구덩식돌덧널무덤 1C호

6세기 중반으로 추정되는 1C호 무덤은 소가야 왕급 무덤 중 가장 늦게 만들어진 것이다. 이 무덤은 구덩식돌덧널무덤으로, 소가야·대가야·신라의 토기와 청동으로 만든 굽다리접시, 장식용 큰칼, 은제 허리띠, 나뭇잎 모양의 말띠 드리개 등이 출토되었다. 앞선 1B-1호 무덤과 비교하면, 이 시기 대가야·신라와 교류가 빈번해졌음을 보여준다. 이 무덤은 소가야가 멸망하기 직전에 만들어진 것으로, 소가야의 쇠퇴시기의 상황을 반영하고 있다.

영산강 유역과의 교류, 소가야와 마한의 관계

송학동고분군에서는 영산강 유역에서 주로 발견되는 토기와 유물이 여러 곳에서 확인되었다. 이것은 소가야가 영산강 유역의 마한과 교류했음을 보여준다. 특히, 굴식돌방무덤인 13호 무덤 등에서는 '구멍있는 넓은입구멍단지'[유공광구소호]가 출토되었는데, 이 토기는 영산강 유역에서 주로 발견되는 토기이다. 또한, 7호 무덤에서는 분구묘를 만들 때, 흙덩이들을 이용해 방사상으로 구획하여 성질이 다른 여러 흙을 정교하게 쌓았던 것이 확인되었다. 이것은 영산강 유역과 소가야간에 시간차를 두고 나타나는 것으로, 마한 지역과 소가야의 관계를 이해하는데 중요한 단서를 제공한다.

문헌자료로 본 고성

고성지역은 가야의 중심지 중 한 곳으로, 다양한 이름으로 기록되어 있다. 그중 가장 오래된 것은 3세기 중엽의 중국 역사서『삼국지』에 나오는 변진고자미동국(弁辰古資彌凍國)이다. 이후『삼국사기』에는 고사포(古史浦),『삼국유사』에는 고자(古自)·소가야(小伽耶), 『일본서기』에는 고차(古嵯)·구차(久嵯) 등으로 기록되어 있다.

이 나라명들은 지리적 특징을 형상화한 말로 해석되는데, '고자'는 곶 혹은 고지[串]를, '미동'은 물둑[水堤]을 의미해 물과 관련된 지역을 뜻한다고 보기도 한다.

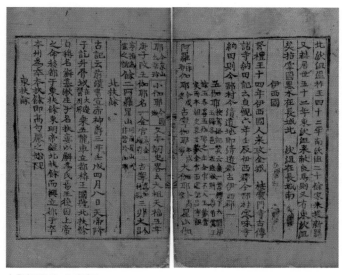

| 『삼국유사』 오가야조(규장각본)

다른 의견으로는 『삼국사기』 지리지의 "고성군은 원래 고자군이었다(固城郡本古自郡)."라는 문장에서 '고(古)'는 '고(固)'를 뜻하는 '굳−, 구드−'로, '자(自)'는 '성(城)'을 뜻하는 'sa'의 표기로 해석해, 고자가 'kuru-sa(大城)'의 표기라고 주장한다. 『신증동국여지승람』에 따르면 고성현의 다른 이름은 '철성(鐵城)'이었으므로, '古自'는 '굳은 성'으로 볼 수 있다. 소가

83

야는 '쇠가야'가 잘못 전해진 것으로 추정하기도 한다. 고성과 철성은 '쇠처럼 단단한 성'이란 의미이므로, '철의 가야'였다고 볼 수 있다.

지금 '고성에 있었던 가야'는 일반적으로 '소가야'로 불리고 있다. 이는 고려시대 기록인『삼국유사』를 근거로『고려사』지리지,『세종실록지리지』,『신증동국여지승람』등 조선시대 이후 계속 사용했기 때문이다. '작은 가야'라는 이름은 나말여초 이후 붙여진 이름으로, 가야인들이 스스로 사용한 것은 아니었을 것이므로, 옛 나라 이름은 3세기까지 고자미동국이었고, 4세기 이후에는 고자국, 고차, 구차 등으로 불리었을 것이다.

고성이라는 이름은 신라 경덕왕때부터 불린 이름이다. 통일신라 시기 지방행정편제에 따르면, 고성군에 소속된 지역은 현재 고성군 뿐 아니라, 사천시 사천읍에 해당하는 사수현(泗水縣)이 포함되어 있었다. 원래 고자국의 영역이었는지는 확실치 않지만, 고자국과 관련이 있었을 가능성이 점쳐진다.

송학동 고분군, 미래를 준비하다

가야고분군은 고대 한반도에 삼국 뿐 아니라, 각 가야 정치체가 공존했다는 증거로, "주변국과 자율적이고, 수평적인 독특한 체계를 유지하며 동아시아 고대 문명의 다양성을 보여주는 중요한 증거가 된다는 점에서 '탁월한 보편적 가치'(OUV)를 인정"받아 세계문화유산으로 등재되었다.

이중 송학동 고분군은 소가야의 역사와 실체, 대외교류 등을 파악할 수 있는 중요한 가치를 지니고 있지만, 다른 가야 고분군에 비해 학술조사가 미흡하다. 때문에 고성군에서는 고성 송학동고분군 14호분 시굴 조사 및 비지정문화재인 15·16호분 시굴 조사를 실시했으며, 조사 결과 문화재 지정구역의 확대 등 동외동유적을 비롯한 소가야 유적의 종합정비를 체계적으로 진행할 계획이다.

송학동고분군의 세계문화유산 등재를 계기로 고성지역 가야의 역사와 문화를 더욱 깊이 있게 연구하고 이해하게 될 것으로 기대한다.

〈참고문헌〉

남재우, 「고자국의 형성과 발전」, 『역사와 세계』 64, 2023.

여창현, 「소가야지역 중심고분군의 변동성과 의미」, 『한국상고사학보』 119, 2023.

장윤정, 「송학동 1호분 출토 마구에 대하여」, 『석당논총』 35, 2005.

최경규, 「석당뮤지엄 발굴, 고성 송학동고분군의 가치와 확장성」, 『석당논총』 79, 2021.

하승철, 「소가야 분구묘의 특징과 출현배경」, 『경남연구』 11, 2016.

동아대학교박물관, 『고성 송학동고분군』, 2005.

문화재청 국가문화유산포털 홈페이지(https://www.heritage.go.kr/main)

5) 옥전고분군 _ 김동연

2023년 9월 사우디아라비아 리야드에서 개최된 제45차 세계유산위원회에서 가야고분군이 세계유산으로 등재되었다.

가야고분군은 한반도 남부지역에서 1세기부터 6세기까지 존속했던 가야의 성립과 발전을 보여주는 독보적인 증거이다. 또한 고분군은 주변의 중앙집권적 고대국가와 병존하면서도 연맹 또는 연합이라는 독특한 정치체계를 유지했으며, 대륙과 해양, 중국과 일본을 연결하는 지정학적 위치를 바탕으로 사회발전을 촉진시키는 다양한 기술의 교류를 고고학적으로 증명해 주는 유산으로 인류 역사에 특별한 가치를 인정받은 것이다.

| 옥전고분군의 가을 전경

합천 옥전고분군은 이러한 가야고분군의 한 축을 차지하는 연속유산이다. 고분에서 출토된 금동관·금귀걸이·용봉

황문양고리자루큰칼 등의 유물은 가야의 세련된 금속공예 기술을 보여준다. 다양한 갑옷과 무기, 말갖춤 등은 우수한 철기문화를 잘 보여준다. 특히 지중해 연안에서 제작된 로만글라스 완형이 옥전 M1호분에서 출토되어 세간에 큰 화제가 되기도 하였다. 이것은 가야의 활발했던 국제교류를 보여주는 핵심 증거이다.

황강변에 자리잡은 옥전고분군

옥전고분군은 경상남도 합천군 쌍책면 성산리 23-18번지 일대에 위치한 가야 지배층의 무덤이다. 황강변의 해발 50~80m 야산의 정상부에 위치하는데, 유구는 몇 개의 능선에 걸쳐 넓게 분포하고 있다. 대부분의 무덤은 봉분이 남아 있지 않아서 겉으로 볼 때는 확인하기 어렵지만, 전체 고분군의 숫자는 약 1,000여 기 이상으로 추정되는데, 정상부 한쪽편에 지름 20~30m 내외의 높은 봉분을 가진 27기의 무덤이 모여 있다.

고분군에서 남쪽으로 뻗은 언덕 끝자락에서는 옥전고분군 축조 집단이 조성한 당시의 마을과 성곽유적(성산토성)이 확인되었다. 지배자의 대형 고분은 언덕 정상부에 밀집하여 조성되어 있는데, 마을이나 황강을 오가던 배에서 바라보기 좋은 곳에 자리 잡았다. 옥전고분군이 위치한 언덕의 주변에도 소규모의 고분군이 여러 곳(다라리·상포리·오서리 등)에 조성되어 있는데, 이는 최고지배층인 옥전고분군을 중심으로 하위지배층의 고분군이 바깥에서 둘러싸듯 배치된 것이다.

| 옥전고분군 원경

유적은 1985년 여름 경상대학교 박물관의 황강 주변 정밀지표조사 과정에서 많은 양의 토기와 철제 유물 조각이 채집됨으로써 그 중요성을 확인하게 되었다. 그해 겨울 1차를 시작으로 최근까지 총 9차의 발굴조사가 이루어졌고, 이를 통해 180여 기 이상의 무덤이 확인되었으며, 3,500여 점의 유물이 출토되었다.

옥전고분군의 변천

옥전고분군은 여러 차례 발굴조사가 이루어져 합천지역의 가야사와 가야 고분문화 연구에 새로운 계기를 마련하였다. 최근 발굴조사를 통해 널무덤·덧널무덤·돌덧널무덤·돌방무덤 등 시기적으로 1~7세기대에 이르는 다양한 묘제 형태가 확인되어, 널무덤 단계부터 돌방무덤 단계까지 묘제의 변화 양상을 잘 보여준다. 지금까지 발굴조사 및 연구 성과를 통해 볼 때 묘제의 변천 과정은 9단계로 구분할 수 있다.

1단계는 1~2세기의 널무덤 축조 시기인데, 성산리 332번지 유적에서 확인된다. 널무덤의 평면 형태는 긴 네모꼴이고, 규모는 소형이다. 유물은 전기와질토기인 쇠뿔모양 손잡이항아리·주머니모양항아리와 함께 금속 유물로 철검을 비롯한 무기류와 농공구류가 출토되었다. 2단계는 2세기 후반에서 3세기 후반으로 편년되는데, 긴 네모꼴에 가까운 덧널무덤이 등장한다. 성산리 332번지 유적에 확인되는데, 후기와질토기 단계의 새로운 기종인 굽다리긴목항아리·굽다리곧은입항아리·꼭지달린항아리를 비롯하여 칼·투겁창·쇠화살촉·쇠도끼·쇠낫 등의 철기류가 출토되었다.

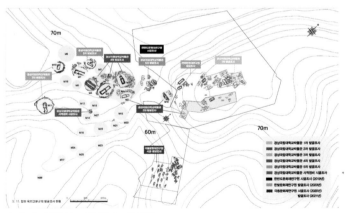

| 옥전고분군 분포 및 발굴조사 현황도

89

3단계는 4세기대로 옥전고분군이 본격적으로 조영되기 시작하는 시기인데, 가는 긴 네모꼴의 덧널무덤이 축조되기 시작했다. 4단계는 5세 전반대로 덧널무덤이 거대해지며, 바닥에는 널 받침이나 돌을 사용한 주검 받침이 채용된다. 뚜껑 있는 굽다리접시와 긴목항아리·바리모양그릇받침과 같은 새로운 기종이 출현하며, 갑옷와 말갖춤, 금제 귀걸이 들이 처음 출현한다.

5단계는 5세기 중엽으로, 거대한 봉분을 가진 고총이 축조되기 시작한다. 거대한 봉분의 채용, 으뜸 널과 딸린 널의 분리, 갑옷·말갖춤·무기 등이 겹겹이 부장되는 등 새로운 모습을 보인다. 활발한 대외교류를 보여주는 창녕계 토기와 신라계의 마구, 로만글라스가 부장되었다.

6단계는 5세기 후엽에서 6세기 초로 거대한 봉분을 가진 무덤들(M3·M4·M7호)이 축조된다. M3호분은 121매의 쇠도끼를 널 받침으로 사용하였고, 화려한 용봉문양고리자루큰칼을 한꺼번에 4자루를 매납하는 등 당시 한반도 내의 어떤 지배자급 무덤과 비교해도 뒤지지 않을 정도의 수준을 보여준다. 또한 M7호분에는 대가야계 유물이 집중 부장되었는데, 이 시기부터 옥전고분군 축조집단이 대가야의 강한 영향을 받은 결과로 보여진다.

7단계는 6세기 전반으로 돌덧널무덤인 M6호분과 앞트기식 돌방무덤인 M10호분이 축조되는 시기이다. 대가야계 토기를 중심으로 신라계의 손잡이 달린 굽다리 잔과 출자형 (出字形) 금동제 관의 출토가 주목된다. 이는 대가야와 신라

의 친연관계가 배경이 되어 당시 대가야의 영향 아래에 있
던 옥전고분군 축조집단에 신라계 유물이 유입된 것으로 보
인다.

| M1호분 전경

| M3호분 전경

8단계는 대가야가 멸망하는 562년까지로, 굴식돌방무덤 인 M11호분이 축조되는 시기이다. 백제 고분의 직접적인 영향을 받아 굴식돌방무덤이 축조되었고, 더 이상 대형분은 축조되지 않는다. 이는 옥전고분군 축조집단의 멸망과 해체 를 의미하는 것이다.

9단계는 7세기로 편년되는데, 신라식 굴식돌방무덤인 M28호분이 이 시기에 해당한다. 무덤은 경주의 것과 유사 하며 기존 지배자 묘역과 떨어진 곳에 축조되었다는 점에서 신라가 이 지역을 통치하였음을 보여준다.

[표 1] 합천 옥전고분군 시기별 특징

단계	시기	특징 및 관련 기록	대표 고분
I	1세기~2세기 전반	널무덤 전기와질토기	성산리 332번지 목관묘
II	2세기 후반 ~3세기 전반	덧널무덤 후기와질토기	성산리 332번지 목곽묘 1, 5, 13, 22, 23, 24호
III	4세기 중후반 ~5세기 전반	덧널무덤 고식도질토기	성산리 332번지 목곽묘 8, 9, 16, 18, 20, 25, 49, 52, 6, 21, 22, 27-A, 51, 54, 17, 27, 34, 40, 66
IV	5세기 전반 늦은시기	대형 덧널무덤 출현 위석식덧널무덤 400년 광개토왕 남정	옥전 23, 32, 37, 45, 67-A, 68 4, 8, 36, 42, 47, 67-B
V	5세기 3/4분 기	덧널무덤, 돌덧널무덤 고총고분 축조 로만글라스, 갑주, 마구, 장 식대도, 금공품 다량	옥전 5, 11, 12, 16, 20, 28, 31, 35, 41, 81, 95, M1, M2, M1-1, 2, 3
VI a	5세기 4/4분 기	덧널무덤, 돌덧널무덤 고총의 거대화 용봉문양고리자루큰칼, 복수 부장 고령양식토기 다량	옥전2, 7, 13, 24, 69~73, 76, 82, 83, 88, 91~93, 98, 102, M3
VI b	6세기 1/4분 기	돌덧널무덤으로 완전 대체 고령양식토기 부장	78, 80, 84, 85, 87, 90, 96, M4, M7
VII	6세기 2/4분 기	돌덧널무덤 앞트기식돌방무덤 출자형금동관 522년 대가야와 신라 결혼동 맹	74, 75, 86, 99, M6, M6-1, M10, M10-2

단계	시기	특징 및 관련 기록	대표 고분
VIII	6세기 3/4분기	백제계 굴식돌방무덤 금두정. 연판장식 등 관부속구 귀걸이 등 백제유물 부장 541, 544년 백제 주도의 사비회의	M11
IX	7세기	신라계 굴식돌방무덤 562년 가야멸망	M28

옥전고분군 출토유물, 국제교류의 증거

옥전고분군에서 출토된 유물은 가야 고분군뿐만 아니라 우리나라 고분 문화의 정수를 보여주는 획기적인 자료이다. 이곳에서는 다량의 귀걸이와 목걸이·팔찌·가락지 등이 출토되었는데, 그중 귀걸이는 40쌍이 발견되었다. 지금까지 조사된 어느 가야 고분보다도 많은 수량이고, 화려한 장식과 정교한 세공 기술은 백제나 신라의 귀걸이와 비교해도 손색이 없다. 또한 구마모토현 에다후나야마[熊本縣 江田船山]고분군, 덴사야마[傳佐山]고분 등에서는 합천 옥전고분군의 것과 유사한 금귀걸이가 출토되어 두 지역의 교류 관계를 잘 보여준다. 옥전 28호분에서 출토 금귀걸이는 가야 귀걸이를 대표하는 유물로 일본 금속공예에 영향을 준 것이라 하여 2019년에 보물로 지정되었다.

| 28호분 금귀걸이
(보물2043호)

| M4호분 금귀걸이
(보물2044호)

| M6호분 금귀걸이
(보물2045호)

| 옥전고분군 출토 목걸이 일괄

| M3호분 출토 용봉문양고리자루큰칼
(보물2042호)

　목걸이는 옥전(玉田, 구슬밭)이라는 유적의 이름에 걸맞게 수많은 구슬로 만들어졌다. 특히 M2호분에서는 한꺼번에 2,000여 개가 넘는 구슬이 발견되었다. 가야 고분에서는 처음으로 28호분에서 옥을 갈아 이러한 구슬을 다듬는데 사용된 사암제의 숫돌이 발견되어 이 지역에서 직접 구슬을 제작했다는 것을 입증하였다.

　용이나 봉황문양으로 장식한 고리자루큰칼은 35호분과 M3·M4·M6호분에서 출토되었다. 고리자루큰칼은 장식의 화려함과 독특함 때문에 주목을 받아온 자료인데, 학술 발굴조사에서 이처럼 많이 발견된 것은 한국 발굴 역사상 처음 있었던 사례였다. 특히 M3호분에서는 용봉문양 2점, 봉황문양 1점, 용문장식 1점 등 장식 고리자루큰칼 4자루가 함께 부장된 것이 확인되었는데, 이는 한국 최고 지배자급 무덤에서는 유례를 찾을 수 없는 것으로 2019년에 보물로 지정되었다.

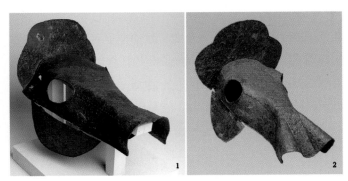

| 1: 옥전 28호분 출토 말머리가리개, 2: 오타니고분 출토 말머리가리개

다양한 종류의 철제품들도 출토되었는데, 그 가운데 가장 많은 종류는 무기와 갑옷, 말갖춤이다. 특히 말머리가리개는 부산 동래 복천동 10호분에서 처음으로 발견된 이래 여러 고분에서 출토되었는데, 옥전고분군에서는 무려 6점이나 출토되었다. 일본의 경우 사이타마쇼군야마[埼玉將軍山]고분과 오타니[大谷]고분, 후나바루[船原]고분의 출토품 3점 정도가 전부인데, 단일 고분군에서 6점이나 발견되었다는 것만 보아도 이 유적의 중요성이 잘 드러나고 있다. 옥전고분군에서 출토된 것은 일본 것보다 시기적으로 빠르고, 수량도 월등히 많아 당시 우위의 무장력을 갖춘 일본이 가야를

지배했다는 임나일본부설은 일본에서도 그 근거를 잃게 되었다.

옥전고분군에서 출토된 유물 가운데는 여러 지역과 연계된 유물들도 있다. M3호분에서 출토된 금동장식 투구는 고구려 계통의 유물이며, 용봉문양고리자루큰칼과 말 안장틀의 거북등무늬는 백제 또는 중국의 남조와 밀접한 관련을 맺고 있다. 또 M1호분에서 출토된 유리잔과 편원어미형말띠드리개[扁圓魚尾形杏葉]·금동제허리띠·창녕식토기, M6호분에서 출토된 출자형 금동관은 창녕·신라와의 교류로 얻어진 산물이다. 또 M11호분 출토의 금제귀걸이와 나무널에 붙이는 연화문장식·널못 등은 백제 계통의 유물이다. 한편 옥전고분군에서는 가야 고분에서는 유일하게 완전한 형태의 로만글라스가 발견되었다. 이것은 지중해 연안에서 제작된 유물로서 실크로드를 통

| M1호분 출토 로만글라스

해 유라시아 대륙 전체로 확산되었으며, 동서 문물의 교역에서 신라가 이것을 받아들여 가야지역에 전했다고 본다. 5세기 강력한 세력을 형성했던 옥전고분군 축조 세력의 대외교섭 능력을 보여주는 자료라 할 것이다.

문헌으로 본 옥전고분군, 그리고 다라국(多羅國)

『삼국사기』권제34 잡지에는 합천에 대해서 "강양군(江陽郡)은 본래 대량주군[大良-한편 야(耶)라고도 쓴다-州郡]인데, 경덕왕이 이름을 고쳤다. 지금은 합주(陝州)이다."라고 기록되어 있는데, 고려시대 합주라 불렸던 합천의 옛 이름이 '대량' 또는 '대야'였음을 알 수 있다. 그래서 일찍부터 대야와 다라(多羅)가 음이 서로 통하기 때문에 합천에 다라국이 있었을 것으로 추정해 왔다.

1985년부터 옥전고분군에서 가야 지배층의 무덤과 유물이 발굴조사되었고, 이 유적에서 1km 떨어진 곳에 다라리(多羅里)라는 지명이 있어 이 유적을 다라국 지배집단의 묘역으로 추정하게 되었다. 이후 옥전고분군 발굴성과가 축적되어 문헌과 고고학계에서는 이곳에 다라국이 있었다는 견해가 중론을 이루게 된다.

가야사 연구는 같은 시기에 존재했던 고구려·백제·신라에 비해 문헌자료가 매우 적어 중국과 일본의 문헌 기록도 활용하고 있는데, 다라국의 경우도 마찬가지이다. 다라국과 관련된 최초 기록은 중국 양나라 무제때 일곱째 아

| 「양직공도」 속 다라의 기록

들이자 뒤에 4대 황제가 된 효원제소역(508~554년)이 제작한 「양직공도(梁職貢圖)」에 등장한다. 이것의 백제국사전에는 "주위에 소국은 반파·탁·다라·전라·사라·지미·마련·상기문·하침라 등이 있는데, 백제를 따른다(旁小國有半波·卓·多羅·前羅·斯羅·止迷·麻連·上己文·下枕羅等附之)."라고 다라국을 백제 주위에 있는 나라로 소개하고 있다. 이 기록으로 다라국에 대한 자세한 내용은 확인할 수 없지만, 다라국이 한반도의 백제 인근에 위치한 소국이라는 것은 알 수 있다.

다음으로 『일본서기』에는 다라국 관련 기사가 총 4번 나오는데, 아래와 같다.

① 탁순국에 모두 모여 신라를 쳐서 격파하였다. 그리고 비자발·남가라·탁국·안라·다라·탁순·가라의 7국을 평정하였다(『일본서기』권19 흠명기 2년 4월)

② 여름 4월, 안라의 차한기 이탄해, 대불손, 구취유리 등과 가라의 상수위 고전해, 졸마의 한기, 산반해 한기의 아들, 다라의 하한기 이타, 사이기 한기의 아들, 자타의 한기 등이 임나일본부 길비신과 백제에 가서 같이 칙서를 들었다(『일본서기』권19 흠명기 2년 4월)

③ 일본의 길비신, 안라의 하한기 대불손과 구취유리, 가라의 상수위 고전해, 사이기군과 산반해군의 아들, 다라의 이수위 흘건지, 자타의 한기, 구차의 한기가 백제에 갔다(『일본서기』권19 흠명기 5년 11월)

④ 신라가 임나의 관가를 쳐서 없앴다(일서에 말하기를, 21년

에 임나가 멸망하였다고 한다. 통틀어 임나라 하고, 세분
해서는 가라국 · 안라국 · 사이기국 · 다라국 · 졸마국 · 고차
국 · 자타국 · 산반하국 · 걸손국 · 임례국 합해서 10국이다)
(『일본서기』권19 흠명기 23년 정월)

① 기사는 249년 왜가 가라 7국을 평정하였다는 내용이
다. 이 기사는 시기 및 사건 자체의 신빙성이 의심되므로 조
작된 기록으로 보고 있다.

②와 ③의 기사는 신라에 의해 멸망한 임나(남가라·탁기탄·
탁순 3국)의 복권을 목표로 백제의 성왕이 개최한 사비회의(임
나복권회의)와 관련된 내용을 담고 있다. 이 기록은 당시 여러
가야 내 다라국의 지위를 엿볼 수 있는 중요한 자료이다.

이 회의에는 수장이 직접 가거나 그의 아들이 참석하였는
데, 가라국·안라국·다라국은 신하인 상수위·이수위 또는
상한기·하한기 등을 보냈다. 이 기록을 통해 당시 다라국이
가라국·안라국과 함께 그 외 다른 나라들보다 위상이 높았
으며, 하한기와 이수위 등의 직위로 보아 관직 제도를 갖추
고 있었음을 알 수 있다.

④ 기사는 562년에 다라국을 포함한 가야 10국의 멸망을
기록한 것이다. 이와 함께 『삼국사기』의 진흥왕 23년(562)
조의 기사에는 대가야의 멸망을 기록하고 있는데, 다라국도
이때 멸망한 것으로 생각된다.

이 기록들을 통해 다라국이 가야의 한 나라였다는 것과 하
한기와 이수위와 같은 관직 또는 관등이 존재했다는 것을

알 수 있다.

최근 역사학계에서 『일본서기』를 인용하는 것에 대해 이의를 제기하는 사람들이 있다. 그러나 이런 문제를 제기하기에 앞서 『일본서기』에 대해 살펴볼 필요가 있다. 『일본서기』는 『백제기』·『백제본기』·『백제신찬』 등의 백제계 사서를 대부분 인용하여 한국 고대사와 관련된 내용이 많을 뿐만 아니라, 특히 『삼국사기』와 『삼국유사』 등에 기록된 내용과 부합되는 것도 많아 학계에서는 비교분석을 통해 지명이나 국명·인명 등 고유명사로 표기된 것은 당시 사용했던 용어가 확실하다고 판단하여 이를 활용하고 있다. 널리 알려져 있는 역사적 사실 중 일본에 선진문화를 전파한 백제의 오경박사, 왕인, 아직기와 고구려의 담징에 관한 내용은 한국 역사서에는 보이지 않고 오직 『일본서기』에만 나오는 기록이다.

또한 다라와 관련하여 이 국명은 『일본서기』에 기록된 한국과 관련 없는 일본말이며, 합천의 다라리는 현재의 행정지명일 뿐이라는 의견도 있다. 그렇다면 과연 '다라'는 일본말일까? 이 부분에 대해서는 '달/다라'는 '산'이나 '높은 곳'을 가리키는 가야인의 언어임을 지적하는 연구도 있다. 즉 '다라'는 일본어가 아닌 한국의 고유한 언어라는 것이다.

다라와 관련한 기록은 삼국시대, 통일신라시대, 고려시대의 문헌에는 전하지 않지만 합천군 내 밀양박씨 졸당공파(密陽朴氏 拙堂公派) 족보에는 1470~80년대 인물 박원홍의 묘가 "초계 동면 덕진리 다라곡 부소산 산록에 있다."는 기록, 이후 1500~1600년대 박씨 집안 후손들의 묘소 위치를 '다라불곡'·'다라동' 등으로 기록하고 있다. 이는 다라라는 명칭이 근래에 만들어진 것이 아닌 적어도 조선시대 초 또는 그 이전부터 줄곧 이어져 왔다는 것을 의미한다. 또한 1789년에 간행된 『호구총수』에서도 덕진면(德眞面)에 속한 다라곡촌(多羅谷村)이라는 지명이 보인다. 이상과 같이 다라의 지명은 오랜 기간 사용된 것임을 알 수 있다.

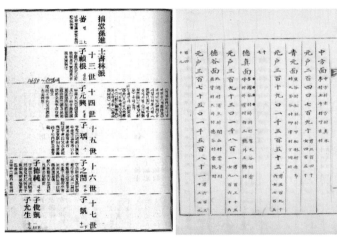

| 밀양박씨 졸당공파 족보 속의 다라   「호구총수」 속의 다라

옥전고분군, 세계유산이 되다

옥전고분군을 비롯한 가야고분군의 세계유산 등재는 같은 시기를 공유했던 고구려·백제·신라에 비해 문헌자료가 적어 연구에 어려움이 있던 가야사 연구에 활력을 불어넣을 것으로 예상된다. 또한 고대사를 단순하게 삼국으로만 보던 시각을 뛰어넘어 다양한 고대국가의 발전 모습을 인정할 수 있게 되었다.

또한 일본의 한반도 지배설을 인정하는 임나일본부설이 얼마나 허구인지를 잘 보여주는 계기를 마련하였다. 즉 다라국으로 비정되는 옥전고분군이 세계유산으로 등재됨으로써 왜가 가야를 지배했다는 임나일본부설을 인정하는 것이 아니라, 오히려 이러한 설이 잘못되었다는 것을 전 세계에 알릴 수 있는 기회가 된 것이다.

세계유산 등재를 통해 가야고분군이 전 세계에 알려지는 만큼 우리에게는 새로운 과제도 생겼다. 유네스코 세계유산위원회 권고사항에 따라 유산 및 완충구역에 대한 경관 훼손을 줄이고자 하는 노력, 통합모니터링 체계 구축 등 진정한 세계유산으로 나아가기 위한 우리 모두의 노력이 필요한 시점이다.

〈참고문헌〉

합천박물관, 『다라국의 여명』, 2018.

합천박물관·경상대학교박물관, 『가야의 보고 옥전』, 2020.

_____, 『합천 옥전고분군 핸드북』, 2021.

조영제, 「옥전고분군과 다라국사」, 『가야고분군』Ⅲ, 가야고분군 세계유산등재추진단, 2018.

권용대, 「합천 옥전고분군의 세계유산적 가치」, 『가야고분군』Ⅴ, 가야고분군 세계유산등재추진단, 2019.

박준현, 「합천 옥전고분군」, 『세계유산, 가야고분군』, 대가야박물관, 2020.

김동연·박준현, 「옥전고분군과 다라국」, 『가야사의 오해와 편견』, 가야 고분군 세계유산등재추진단, 2022.

2. 한국의 서원, 남계서원

1) 남계서원(灆溪書院)과 정여창(鄭汝昌) _ 김광철

　1552년(명종 7) 어느 날 함양의 젊은 지식인들이 한자리에 모여 앉았다. 강익(姜翼)을 비롯하여 박승임(朴承任)·노관(盧裸)·정복현(鄭復顯)·임희무(林希茂) 등이 이들이다. 강익이 먼저 "우리 고을은 일두(一蠹) 선생의 고향인데, 선생께서 돌아가신 지 이미 50년이 지나는 데에도 아직 서원을 짓고 사당을 세우는 일을 못 했으니, 실로 우리 고을의 수치이다."라고 하면서 서원 건립을 제안하였다. 이에 모두 그렇다고 하여 동의함으로써 정여창의 학문과 덕행을 기리고, 고을의 유학 교육을 담당할 서원 건립운동이 시작되었다.

　서원 건립을 위해 고을의 유사(儒士)들이 다투어 미곡을 가져왔고, 이웃 고을에서도 보조하였다. 당시 함양군수 서구연(徐九淵)이 적극 지원했는데, 강당 공사를 마친 뒤 교체되어 돌아가고, 농사도 흉년이 들었기 때문에 강당에 기와를 올리지 못한 채 공사를 중지할 수밖에 없었다.

서원 공사가 재개되는 것은 1559년(명종 14) 윤확(尹確)이 함양군수로 부임하면서이다. 강익은 이때 군수와 함께 강당을 확장하여 담장을 두르고, 창고와 부엌 등 부대시설을 확충하는 한편, 강당 동쪽에 사우(祠宇) 지을 곳을 정하였다. 1561년 2월 사우가 완공되자, 16일에 고을 유림들이 모여 선생의 위판(位版)을 봉안하였다. 1564년(명종 19) 강익은 군수 김우홍(金宇弘)과 함께 동재(東齋)와 서재(西齋)를 건립하고, 재 아래에 작은 연못을 파서 못가에는 매화와 대나무를 심고, 못 안에는 홍백련(紅白蓮)을 심었다. 이렇게 하여 10여 년 만에 서원이 완공되었다.

1566년(명종 21) 6월 15일, 경상도 함양에 사는 진사 강익 등 30여 명은 청원서를 올려, 정여창을 제향하는 서원에 사액을 요청하였다. 청원서를 받아 든 국왕은 즉시 이를 예조에 내려 검토하게 하였다. 예조에서는 편액과 서책을 하사하여 권장하는 뜻을 보일 것을 청함으로써, 이 서원 곁의 시내 이름을 따서 '남계서원'이라고 하사하였다. 이제 남계서원은 소수서원 등과 함께 사액서원의 반열에 오르게 되었다.

남계서원의 설립은 중종대에 정여창의 신원·복권으로 그 학문과 덕행을 존숭하는 한편, 자손들의 등용과 예우, 사당 건립과 제사가 이루어지고, 나아가 문묘 종사를 요청하는 분위기 속에서 추진된 것이었다. 더욱이 풍기군수 주세붕이

1543년에 유생 교육을 겸비한 백운동서원을 최초로 건립하고, 1550년 풍기군수 이황의 요청으로 백운동서원을 '소수서원'이라는 사액서원으로 승격시키는 성과를 거두게 되면서 서원의 건립에 영향을 미쳤다.

남계서원의 초창기 시설과 공간은 사우와 강당 및 동재와 서재, 전문(前門) 등 총 30여 칸 규모였다. 그 강당은 '명성(明誠)'이라 하고, 강당의 협실(夾室)은 왼쪽을 '거경(居敬)', 오른쪽을 '집의(集義)'라고 하였다. 동재는 '양정(養正)', 서재는 '보인(輔仁)'이라고 하고, 재의 두 헌(軒)은 각각 '애련(愛蓮)'과 '영매(詠梅)'라고 하였으며, 앞쪽의 대문은 '준도(遵道)'라고 명명하였다.

남계서원은 1597년(선조 30년) 정유재란으로 소실되었다. 정경운(鄭慶雲)의 일기에 따르면, 8월 15일에 왜적이 안음으로부터 함양에 들어와 사방으로 흩어져 분탕질과 약탈을 자행하였다. 8월 30일자 일기에서는 "나는 집에 돌아와서 난리에 불타고 남은 것을 둘러보았는데, 마을 전체가 남은 것이라곤 하나도 없이 다 타 버렸다. 흉적의 혹심함이 이 지경에 이르렀도다."고 하였다. 남계서원도 이때 소실되었다.

정경운은 왜적이 함양을 침탈할 기미를 보이자, 8월 7일에 산소에 올라가서 나무로 만든 부모님의 신주를 묘 옆에 묻어두고, 진군술(陳君述)과 함께 서원에 가서 서책을 옮기고 신판(神版)을 묻었다. 서원 건물은 비록 소실되었지만, 소장하고 있던 문헌과 위패는 안전하게 지킬 수 있었다.

남계서원은 소실된지 6년이 지난 1603년(선조 36)에 나촌

(羅村)으로 옮겨 복원했다가, 1612년(광해군 4) 남계 옛터로 옮겨 중건하였다. 나촌에 자리잡은 동안 1606년(선조 39) 12월에는 정부로부터 다시 사액서원 지정을 받았다. 한편, 1663년(현종 4) 1월 29일에는 정온(鄭蘊)을 남계서원에 배향하고, 1689년(숙종 15) 9월 19일에는 강익을 추배(追配)하는 결정이 이루어졌다.

남계서원 외에도 정여창을 배향하여 그의 학덕을 기리고 현창한 서원은 여러 곳 있었다. 함양 안의의 용문서원(龍門書院), 합천의 이연서원(伊淵書院), 하동의 영계서원(永溪書院), 거창의 도산서원(道山書院), 경북 상주의 도남서원(道南書院), 충남 아산의 인산서원(仁山書院), 전남 나주의 경현서원(景賢書院), 전남 화순의 해망서원(海望書院), 함경도 종성의 종산서원(鍾山書院) 등이 이들이다. 경상도 지역뿐만 아니라 전국에 걸쳐 서원을 건립하여 정여창을 현창했던 것이다.

함양의 하동정씨와 정여창

정여창의 증손 정수민(鄭秀民, 1577~1658)이 편찬한 함양 최초의 읍지 『천령지』 인물조에는 하동정씨 인물로 맨 처음 정복주(鄭復周)가 실려 있다. 그는 정여창의 조부로, 고려 말에 판종부시사를 역임한 정지의(鄭之義)의 아들인데, 치소 북쪽의 개평촌에 대대로 살았다고 하였다.

정지의가 함양에 정착하게 된 것은 함양의 도점(道店)에 먼저 들어와 살고 있던 보성선씨 선국충(宣國忠)의 손녀와 혼인하면서부터이다. 함양의 하동정씨는 정지의-정복주-정육

| 일두고택 전경(일두고택기록화사업보고서)

을(鄭六乙)−정여창으로 이어지면서 함양의 세거성씨가 되었
고, 개평촌에 집성촌을 이루었다. 정지의의 하동정씨가 함
양에 세거하면서, 이후 초계정씨 정전(鄭梭)도 그의 사위가
되어 함양에 정착했고, 경주김씨 김점(金點)도 정지의의 손
녀와 혼인하여 함양에 들어와 살았다. 풍천노씨 노숙동(盧叔
소)은 김점의 사위가 되어 창원에서 함양 개평으로 옮겨 살
았다.

정여창의 할아버지 정복주는 1383년(우왕 9) 문과에 급제하
였는데, 태종 이방원과 동년이었다. 1402년(태종 2) 도관 정
랑으로 활동하다가 지경성군사(知鏡城郡事) 겸 지병마방어사로
발령 받았고, 이후 첨절제사·판사 등을 역임하였다. 1420년
(세종 2) 연안 도호부사로 재임할 때는 토지 개간을 권장하여
성과를 거두었다. 뒤에 조승숙(趙承肅)·노숙동·노우명(盧友明)

108

등과 함께 함양 도곡서원(道谷書院)에 배향되었다.

정여창은 1450년(세종 32) 경상도 함양군 덕곡리 개평촌 자택에서 태어났다. 아버지는 의주통판을 역임한 정육을이고, 어머니는 목사를 역임한 경주최씨 최효손(崔孝孫)의 딸이다. 정육을은 무과로 진출하여 사직(司直)을 역임하고, 수양대군이 명나라에 사신으로 갈 때 호종한 바 있으며, 세조 1년 12월 정난원종공신 3등으로 녹훈되었다. 세조 10년 8월 내자윤(內資尹)의 지위에 있으면서 의주(義州) 조몰정(鳥沒亭)의 땅을 경작할 방책을 건의하였고, 같은 달에 전라도에서 도적이 발생하자 이를 토벌하는 책임을 맡았다. 세조 13년 5월 이시애의 난이 발생하자, 함길도 병마우후(兵馬虞候)로 출전하여 난을 진압하던 중 전사하였다. 사후 적개원종공신(敵愾原從功臣)으로 녹훈되고, 한성부좌윤에 추증되었다.

정여창은 자가 백욱(伯勖), 호는 일두(一蠹) 또는 수옹(睡翁), 시호는 문헌(文獻)이다. '여창(汝昌)'이라는 이름은 아버지가 의주 통판으로 있을 때 중국 사신 장영(張寧)이 지어준 이름이다. 1570년(선조 3)에 편찬한 『국조유선록』「명설(名說)」에는 장영이 이름을 지어주면서, "의주 통판 정육을에게 겨우 여덟 살이 된 아들이 있는데, 영민하고 응대를 잘하여 보통 아이들보다 뛰어나니, 한문공(韓文公)이 이른바 '참으로 사랑스러운〔可念〕' 아이이다."라고 하였다.

정여창의 자(字)에 대해서 『국조유선록』과 『일두유집』행장에서는 '백욱(伯勖)'이라 하였으나, 남효온의 「추강냉화(秋江冷話)」와 「사우명행록(師友名行錄)」에서는 '자욱(自勖)'이라고 하였다. 호 '일두'는 '한 마리 좀'이라는 뜻으로, 송나라의 이천(伊川) 정이(程頤)가, "혹심한 추위와 더위와 비를 무릅쓰고 농부들이 농사지은 곡식을 내가 얻어먹고 있는데, 이처럼 한가하게 세월을 보내니 그야말로 천지간의 한 마리 좀 벌레[一蠹]이다."라고 한 데에서 따온 것이다.

정여창은 정종(定宗)의 왕자인 도평군(桃平君) 이말생(李末生)의 딸과 혼인하여 2남 4녀를 두었다. 장남 희직(希稷)은 현령 남양방씨 방귀화(房貴和)의 딸과 혼인했고, 차남 희설(希卨)은 언양김씨 김구(金坵)의 딸과 혼인하여 아들 하나를 두었다. 장녀는 사직(司直) 최호문(崔浩文)과, 차녀는 함안조씨 조효온(趙孝溫)과, 3녀는 여주이씨 이현손(李賢孫)과, 4녀는 순창설씨 설공순(薛公諄)과 혼인했다.

정여창의 가문은 그의 할아버지와 아버지가 이어서 벼슬을 함으로써 경제적 기반은 튼튼한 편이었다. 어머니 생전에 저축이 넉넉하여 함양의 사방 이웃 백성들이 모두 와서 곡식을 꾸어갈 정도였고, 노비가 많아서 집안에 100구나 되었다고 한다.

정여창은 8세 때 의주 통판으로 부임하는 아버지를 따라 의주부에서 살았다. 18세 때인 1467년(세조 13) 5월에 아버지가 이시애의 난리에 용감히 맞서 싸우다가 세상을 떠났다. 정여창은 가슴을 치며 울부짖으며, 쌓인 시체들 속에서 아버지 시신을 찾아 모셔 와서 함양군의 동쪽 승안동(昇安洞) 동북쪽 언덕에 장사 지냈다. 37세 때에 모친상을 당하였다. 이후 벼슬길에 나가기 전 몇 년 동안 섬진강 어귀에 악양정(岳陽亭)

을 짓고 이곳에서 독서하고 강론하며 생활하였다.

학문과 사상

정여창은 이관의(李寬義)에게 수학하여 성리학을 알게 되었고, 김종직의 문하에서 사사(師事)하였다. 이관의는 이천(利川)에 우거했는데, 경술에 밝고 덕행을 수양하였으며 성리학에 정밀하여 당시 학자들이 존경하였다. 1483년(성종 14) 1월 13일, 국왕은 이관의를 불러서 『대학』·『중용』을 강론하게 하고, 천지의 도수(度數), 일월성신, 세차(歲差), 역수(曆數)에 대해서 물었는데, 그의 나이 75세였다.

김종직은 1471년(성종 2) 1월에 함양군수로 부임하였다. 그 전 해에 노모 봉양을 이유로 사직을 청하자, 국왕이 함양군수로 발령을 낸 것이다. 김종직은 1476년(성종 7) 1월 지승문원사로 부임하기 이전까지 5년간이나 함양군수로 있었는데, 이때 영남지역 사림들이 그에게 수학하였다. 정여창도 그 문하에서 수학하여 김굉필 등과 함께 도의(道義)를 강설하면서 연마하였다. 그와 같은 고향인 유호인(俞好仁)·조효동(趙孝소)·김제신(金悌臣)과도 학문적인 교류가 있었다.

정여창의 학문에 대해서 조효동은 "자사(子史)에 널리 통하고, 예경에 정통하고, 더욱 성리학에 조예가 깊었는데, 글을 읽으면 반드시 힘써 행하며 실천하는 것을 위주로 하였다."고 평하였다. 남효온은 정여창이 "지리산에 들어가서 3년 동안 나오지 않고 오경을 공부하여 그 깊은 뜻을 탐구해서 체(體)와 용(用)은 근원은 같으나 나뉨이 다름을 알았고,

선과 악은 성(性)은 같으나 기(氣)가 다름을 알았고, 유(儒)와 불(佛)은 도(道)는 같으나 행적이 다름을 알았다."고 논평하였다.

정여창의 사상은 그가 쓴 것으로 보고 있는 「입지론(立志論)」·「이기설(理氣說)」·「선악천리론(善惡天理論)」 등에서 엿볼 수 있다. 학문하는 자세에 대해서는 「입지론」에 잘 나타

| 『일두선생속집』(한국민족문화대백과사전)

나 있는데, 그는 여기에서 지식인의 요건으로서 무엇보다 뜻을 강하게 가져야 한다는 것을 강조했다.

배움이란 성인(聖人)을 배우는 것이요, 뜻이란 그 배움을 이루는 것이다. 그러므로 세우지 않아서는 안 되는 것이 뜻이지만, 뜻이 섰다 해도 굳세지 않으면 물욕에 흔들려 뜻을 빼앗기거나 여러 사람의 견해에 의해 뜻이 바뀌지 않는 경우가 드물다. 그런데 뜻이 굳센 것은 알기를 분명하게 하고 지키기를 굳게 하는 데에 달려있는 것이지, 억지로 마음을 다잡는다고 정해지는 것은 아니다.(『일두속집』 권1, 잡저(雜著), 입지론)

그는 뜻을 강하게 가져야 할 뿐 아니라 어느 경우에도 이를 굳게 지켜 나아가지 않으면 안 될 것으로 보았다. 이와 같이 뜻을 세우고 지켜 나아갈 때 사인(士人)으로서 바라는 군자의 경지에 다다르게 된다고 이해한 것이며, 이는 선(善)의 구현과 실천을 중시한 것이기도 하다.

정여창은 주자서(朱子書)의 강론을 통해 성리학을 폭 넓고 깊게 이해하고 있었으며, 특히 『중용』과 『예기』에 정통하였다. 그는 치인(治人)보다 수기(修己)에 더 비중을 두었으며, 심학에 근거한 이학의 연구에 치중하였다.

정여창은 「이기설」에서 선비로서의 자세와 마음가짐을 강조하였으며, 이를 위해 세상만물 나아가 우주의 원리를 이해하는 것이 필요하다고 보았다. 그는 이(理)가 없으면 기(氣)가 응결(凝結)할 데가 없고, 기가 없으면 이가 유행하지 못하는 것이니, 두 가지가 서로 결합해야만 만물을 생성할 수 있는 것으로 이들은 애당초 두 가지가 아니라고 보았다. 이와 기는 이른바 '하나이면서 둘이고 둘이면서 하나'라는 것이다.

그의 우주론으로서의 이기설은 주자계통을 이어받고 있지만, 우주의 본체를 이(理)에 의해서 파악하는 주리론적 이해에 가깝다. 이와 같은 그의 이기설은 「선악천리론」에서도 그대로 반영되었다. 천지 사이에 이가 있고 기가 있는데, 기의 유행(流行)은 이에 근본하지 않는 것이 없다. 그러므로 천하의 도(道)에는 선(善)이 있고 악(惡)이 있는데, 악이 생기는 것 또한 선에서 나오지 않는 것이 없다고 강조하였다.

벼슬길에 나가다

정여창은 1483년(성종 14) 34세의 나이로 사마시에 응시하면서 그 경력 사항을 종9품의 무산계인 전력부위(展力副尉)라 기재하였다. 정여창은 이때까지 관직을 갖지는 않았는데, 이같이 무산계를 가지게 된 것은 아버지 정육을이 이시애의 난 때 순절한 데 따른 포상이었던 것으로 보인다.

사마시에 합격하여 생원이 될 때까지 정부에서 관직을 갖고 활동하지는 않았지만, 이미 이전부터 정여창의 명성은 널리 알려져 있었다. 1478년(성종 9) 종실 인물인 주계부정(朱溪副正) 이심원(李深源)은 태인현의 정극인(丁克仁), 은진현의 강응정(姜應貞)과 함께 함양의 정여창을 '성현(聖賢)'의 무리라고 왕에게 보고한 바 있다. 아울러 국가에서 '경학에 밝고 행실이 닦여진 선비'를 구할 때 성균관 유생의 압도적인 천거를 받은 바 있다.

사마시에 합격한 후 생원 신분이었던 정여창의 첫 정치활동은 1483년(성종 14) 9월 11일 승려의 도첩 남발을 중지하라고 건의한 것이었다. 그 내용은 다음과 같다.

신 등은 중들의 부역이 그르다고 하는 것이 아닙니다. 신 등이 생각건대 한달의 노고로 도첩을 받으면 종신토록 역(役)이 없으니, 그 역사를 마친 뒤에도 도첩을 주지 않는다면 이는 가능할 것입니다. 지금 한 궁(宮)의 역사에 도첩을 받는 중이 천만에 이르면, 이 뒤에 군적을 면하고자 하는 자가 이를 보고 빙자하여 다투어 일어나서 머리를 깎고 영선(營繕)을 기다릴 것이니, 중이 되는 자가 날로 많으면 우리 유도(儒道)의 불행입니다.(『성종실록』권158, 성종 14년 9월 11일 신축)

1490년(성종 21) 7월 26일, 사섬시정(司贍寺正) 조효동이 정여창을 천거하는 장문의 상소를 올렸다. 조효동은 이 상소에서 정여창을 천거하는 사유로, 이시애의 난에 아버지 정육을이 살해당하자 시신을 잘 수습하고 장례를 예법에 맞게 치른 점, 어머니가 전염병에 걸렸음에도 불구하고 몸소 간병하고 사망 후 3년간 여묘한 점, 집안의 토지를 경작자들에게 나누어 주고 토지문서를 불태워 버린 점 등 효행과 선행을 언급하고, 그의 학문에 대해서도 성리학에 조예가 깊다고 강조하였다.

조효동의 건의를 들은 성종은 "정여창의 행실이 이와 같으니 내가 저절로 눈물이 난다. 빨리 뽑아써서 국가에서 선행을 표창하는 뜻을 알게 하라."고 전교하였다. 이 날짜에 정여창은 장사랑(將仕郎)

『성종실록』158권, 성종 14년 9월 11일
(국사편찬위원회)

소격서 참봉으로 임용되었다. 그러나 임용된 지 1개월 여만에 상소를 올려 참봉직의 사직을 요청하였다. 효자가 아님에도 효자로 알려진 것은 고을 사람들을 속인 것이며, 이 때문에 천거된 것은 임금을 속이고 국가를 기만한 행위라는 것이 사직의 이유였다. 그러나 성종은 이를 받아들이지 않았다.

정여창은 1490년 12월 문과 별시에 합격한 후, 예문관 검열을 거쳐 세자시강원 설서를 지냈다. 세자 사부로 활동하는 동안 정여창은 『명신언행록』보다는 『사서(四書)』의 강론을 건의하는 등, 당시 세자 사부의 한 사람으로 동궁이었던 연산군을 보필하였지만 곧고 강직한 성품으로 인하여 그의 주목을 받지 못하였다.

설서로 있다가 45세 때인 1494년(성종 25)에 외직인 경상도 안음현감에 임명되어 선정을 베풀고 교화하였다. 그는 부임해서 백성들이 가혹한 수취 때문에 고통받고 있다는 것을 알고 편의(便宜) 수십 조를 만들어 시행하자, 한 해가 지나자 정사가 맑아지고 백성들이 기뻐하였다. 판결하기 어려운 복잡한 옥사나 형률을 쓰는 것이 정밀하고 합당한지 분명하지 않은 것은 반드시 현장 조사를 거쳐 시행함으로써 형 집행에 공정성을 확보할 수 있었다.

고을 객사의 동헌을 중창하는 한편, 선화루(宣化樓)를 중건하여 광풍루(光風樓)로 이름을 고치고, 광풍루 북쪽에는 제월당(霽月堂)을 짓는 등 고을의 시설 확충에도 노력하였다. 사무에 임하는 여가에 읍내의 총명한 자제를 뽑아서 몸소 가르침을 행하자, 학자들이 이를 듣고 멀리서 모여들었다. 봄·가을로 양로례(養老禮)를 행하여 노인들을 위로하고, 가난하여 재물이 없어서 오래도록 혼인을 못 시킨 사람들에게는 두텁게 도움을 주어 혼기를 놓치지 않게 하였다.

이 같은 정여창의 선정을 기리기 위해 뒷날 고을 민들이 뜻을 모아 용문서원을 세워 향사하였다. 안음현의 풍속으로 1486년(성종 17)에 편찬된 『동국여지승람』에서는 '강한쟁투(强悍爭鬪)' 즉 억세고 거칠어 다투기를 좋아한다고 했으나, 『경상도읍지』(1832)에 포함된 『안의현읍지』 풍속조에서는 "절의와 검소를 숭상한다."는 내용으로 바뀌는데, 이렇게 된 데에는 정여창이 안음현감으로 재직하는 동안 교화에 힘쓴 덕분이라고 하였다.

사화(史禍)의 광풍(狂風) 속에서

1498년(연산군 4) 무오년 7월 11일, "김일손의 사초(史草)를 모두 궁궐로 들여오라."는 왕명이 하달되었다. 국왕은 사초를 볼 수 없다는 원칙을 무시한 이 명령은 수많은 사림을 불덩이 속으로 몰아넣은 사화의 광풍으로 번지기 시작하였다.

김일손의 사초를 문제 삼기 시작한 것은 이 보다 열흘 전인 7월 1일부터였다. 이날 파평부원군 윤필상(尹弼商)과 선성부원군 노사신(盧思愼), 우의정 한치형(韓致亨), 무령군 유자광(柳子光)은 궁궐 편전의 출입문인 연희문으로 들어가 '비사(秘事)'를 아뢰겠다고 청하였다. '비밀스런 일'이란 바로 김일손의 사초에 관한 것이었다. 임금과 비밀 회동이 이루어진 것으로, 당시 사관인 검열 이사공(李思恭)이 함께 들어가 기록하려 했으나, 도승지 신수근(愼守勤)이 이를 저지함으로써 대화 내용은 알려질 수 없었다.

이날 비밀 회동이 끝난 후, 국왕은 곧바로 의금부 경역(經歷) 홍사호(洪士灝)와 도사(都事) 신극성(愼克成)을 경상도로 급파하여 김일손 등을 체포해 오도록 했다. 이날 벌어진 일련의 일들은 "외인(外人)은 무슨 일인지 알지를 못했다."고 할 정도로 비밀리에 추진된 것이었다.

당시 고향 청도에 머물고 있던 김일손은 7월 11일 사초 문제가 공개된 후에야 체포된 것이 아니라, 이미 그 이전에 체포되어 도성 내 모처에 구금되어 있었던 것으로 보인다. 그래서 다음날 7월 12일 신문 현장에 바로 나올 수 있었던 것이다. 7월 12일부터 14일까지 3일간 이루어진 신문 내용은 주로 계유정난에서 희생당한 황보인(皇甫仁)·김종서(金宗瑞)·정분(鄭笨) 등에 대한 평가, 단종의 죽음과 시신 처리 문제, 단종의 모후(母后)인 현덕왕후(顯德王后)의 능인 소릉(昭陵) 복구에 관한 사초를 문제 삼았다.

7월 15일의 신문에서 마침내 「조의제문」을 들고 나왔다. 유자광이 김종직의 「조의제문」을 구절마다 풀이해서 아뢰고, 이 문집 및 판본을 다 불태워 버리고 간행한 사람까지 아울러 처벌할 것을 청했다. 이제 신문은 김종직의 「조의제문」에 초점이 맞춰졌고, 김종직의 문하생 전체가 신문의 대상이 되었다.

118

정여창의 사초도 문제 삼았다. 7월 12일 성중엄(成重淹)의 공초에서 "정여창의 사초는 기록할 만한 사실이 없었다."고 하여, 별문제 없이 지나가는가 했더니, 계유정난에서 희생 당한 정분과 관련한 사초의 내용을 문제 삼아 신문하였다. 정분은 난신(亂臣)인데, 정여창이 그를 '조용히 죽음에 나아 갔으니 취(取)할 만하다. 마땅히 전(傳)을 지어야겠다.'고 한 것은 속셈이 있는 것이라 하여, 한 차례 형장을 가하고 신문 했다.

이에 대해 정여창은 공초에서 "같은 때의 정승이었으나 김종서와 황보인은 반역을 도모한 것이 명백하기 때문에 모 두 참형에 처했는데, 정분만은 광양으로 귀양을 가서 교형 (絞刑)에 처했다. 정분은 또한 처형될 때 말하기를 '죽는 것 은 한가지이지만, 명절은 다름이 있다.'고 하여, 김종서 등 과 더불어 공모하지 않았는데 죄 없이 죽은 것 같으므로, 마 땅히 전(傳)을 지어야 하였기에 써서 보내 준 것이다."라고 진술하였다.

모든 신문을 마치고, 7월 26일에 윤필상 등은 사화 관련 인물들의 죄목과 처벌 내용, 유배지 등을 결정하여 올렸다. 김일손·권오복(權五福)·이목(李穆)·허반(許盤)·권경유(權景裕) 등은 대역죄를 지었다하여 능지처사와 참수형으로, 정여 창·강겸(姜謙)·이수공(李守恭)·정승조(鄭承祖)·홍한(洪澣)·정 희량(鄭希良) 등은 난언(亂言)을 했거나, 고발하지 않은 죄로 곤장 1백 대에 3천 리 밖으로 내쳐서 봉수군을 삼게 했으 며, 김굉필·이종준(李宗準)·이주(李胄)·박한주(朴漢柱)·임희재(任熙載)·강백진(康伯珍) 등은 김종직의 제자로서 붕당을 이루어 조의제문의 삽입을 방조한 죄로 곤장 80대를 때려 먼 지방으로 부처(付處)하게 했다.

유배지도 함께 정해져서 정여창의 유배지는 함경도 종성으로 결정되었다. 유배 생활은 7년이나 계속되어 살아서 고향으로 돌아오지 못했다. 정여창은 1504(연산군 10) 4월 1일 향년 55세로 유배지에서 세상을 떠났다. 6월에 모셔 와서 고을 동쪽 승안동 동북쪽 언덕에 장사를 지냈다. 이해 9월에는 갑자사화가 일어나 부관참시의 재앙이 무덤에까지 밀어닥쳤다.

신원(伸冤), 복권(復權), 그리고 문묘 종사

중종 반정 후 사화 희생자들에 대한 신원 복권이 이루어졌다. 1506년(중종 1) 10월 국왕은 연산군 때 죄를 입은 이들에게 관작을 주라고 하였고, 다음 해 6월에는 무오사화의 부당성을 지적하면서 사화 희생자들의 신원과 복권이 이루어지기 시작했다. 1507년 6월 10일 예문관 봉교 김흠조(金欽祖)와 정충량(鄭忠樑) 등이 상소하여, 무오년에 사국(史局)의 일을 누설한 자를 그 경중에 따라 처벌하고, 그때 사관으로 죽음을 당한 사람에게서 적몰(籍沒)한 토지·노비·가사(家舍)를 되돌려 주기를 청한 것이 그것이다.

| 일두 정여창 묘역(한국민족문화대백과사전)

정여창에게는 중종 2년에 도승지가 증직되고, 그로부터 10년 뒤에는 우의정으로 추증되었다. 1517년(중종 12) 8월 5일과 6일, 이틀에 걸쳐 정여창과 김굉필의 절의와 복권에 대한 논의가 이루어졌다. 이날 논의에는 영의정 정광필(鄭光弼)을 비롯해 20여 명의 고위 관료가 참여했는데, 대부분 복권과 자손 녹용에 찬성하였다. 논의를 마치고 다음날 8월 6일자로 국왕은 정원에 전교하여, 그 자손들을 각별하게 녹용하고, 관작의 포증(襃贈)과 처자를 존휼(存恤)하는 등의 일도 아울러 시행하라고 명하였다.

이어서 문묘 종사에 대한 논의가 시작되었다. 1517년(중종 12) 8월 8일 조강(朝講)에서 중종은 어제 문묘 종사에 대한 태학생의 상소가 있었다면서 이 문제를 논의하게 했다. 이날 문묘 종사 논의는 시강관으로 참석하고 있던 조광조가 주도하여, 그 대상자로 정몽주와 함께 정여창, 김굉필, 성삼문, 박팽년, 주계부정 심원(深源) 등을 거론하였다. 이후

121

계속된 논의에서 그 대상은 정몽주, 정여창, 김굉필 3인으로 좁혀졌다. 8월 9일의 논의에서는 정몽주는 문묘 종사가 합당하고, 김굉필과 정여창에 대해서는 '추증(追贈)'과 '존시(尊諡)'로 의견이 모아졌다. 결국 중종대 문묘 종사는 정몽주를 한 사람으로 그치고, 정여창 등에 대해서는 추증이나 존시도 이루어지지 않았다.

정여창의 문묘 종사에 대한 논의는 선조 초에 다시 전개되었다. 1570년(선조 3) 4월 23일 성균관 유생들이 김굉필·정여창·조광조·이언적을 문묘에 종사할 것을 상소한 후, 5월 4일 부제학 유희춘(柳希春, 1513~1577)이 이들 4현의 행적을 보고하였으며, 16일에는 김굉필·정여창·조광조·이언적의 사적을 적은 책을 가지고 토론하고, 이 책과 사실·행장을 인쇄하여 반포하기로 하였으나 이후 문묘 종사 논의는 2년 가까이 이루어지지 않았다.

선조대에 문묘 종사 논의가 다시 전개되는 것은 1573년(선조 6) 8월 28일 유생들이 김굉필·정여창·조광조·이언적·이황 등 오현(五賢)의 문묘 종사를 건의하면서부터이다. 이때 유생들의 건의에 대해서 국왕은 문묘에 종사하는 것은 일이 가볍지 않으므로 쉽사리 거행할 수 없다고 하면서 거부하였다. 이후에도 1574년 4월, 1576년 4월, 1578년 10월, 1602년 8월, 1604년 3~9월, 1605년 1~2월 등 여러 차례 문묘 종사를 요청했으나 받아들이지 않았다. 문묘 종사를 요청하는 상소가 올라올 때마다 국왕은 "그대들의 뜻을 매우 가상하게 여긴다. 다만 이 일은 중대한 일이기 때문에 가벼이 거행하기가 어렵다."는 말만 되풀이했다.

이렇게 하여 선조대에 5현에 대한 문묘 종사는 이루어지지 않았지만, 시호가 내려짐으로써 문묘 종사의 길을 트게 되었다. 1569년(선조 2)에 조광조와 이언적에게 각각 '문정(文正)'과 '문원(文元)'이라는 시호가 내려졌고, 김굉필에게는 1574년에 '문경(文敬)', 정여창에게는 1575년에 '문헌(文獻)', 이황에게는 1576년에 '문순(文純)'이라는 시호가 내려진 것이다.

1610년(광해군 2) 9월에 마침내 김굉필·정여창·조광조·이언적·이황 등 오현에 대한 문묘 종사가 이루어졌다. 이해 9월 5일 광해군은 "하늘이 대현(大賢)을 낸 것은 우연치 않은 일로서 이는 실로 소장(消長)의 기틀에 관계되는 것이다."로 시작하는 교서를 내려, "금년 9월 4일에 증(贈) 의정부 우의정 문경공 김굉필, 증 의정부 우의정 문헌공 정여창, 증 의정부 영의정 문정공 조광조, 증 의정부 영의정 문원공 이언적, 증 의정부 영의정 문순공 이황 등 다섯 현신을 문묘의 동무와 서무에 종사하기로 하였다."고 발표하였다. 중종 12년부터 김굉필, 정여창을 대상으로 한 문묘 종사 논의가 선조대에는 오현을 대상으로 확대되었고, 광해군대에 와서 2년 여의 논의 끝에 그 결실을 맺게 되었다.

〈참고문헌〉

조남욱, 『정여창』, 성균관대출판부, 2003.

김기주, 『남계서원 – 맑은 강물 같은 문화의 흐름』, 경인문화사, 2015.

윤희면, 「경상도 함양의 남계서원 연구」, 『남명학연구』 26, 2008.

정우락, 「일두 정여창의 학문과 문화공간으로서의 악양정과 남계서원」, 『남명학연구』 36, 2012.

권인호, 「경상우도 사림파와 선비의 본고장 함양의 얼」, 『유교사상문화연구』 58, 2014.

성호준, 「일두 정여창의 학문세계」, 『포은학연구』 18, 2016.

박용국, 「조선 중·후기 함양 개평리의 역사 변천과 의미」, 『남명학연구』 53, 2017.

정성식, 「일두 정여창의 도학사상」, 『온지논총』 54, 2018.

박소희, 「16~18세기 함양 정여창 가와 남계서원의 노론화 과정」, 『한국서원학보』 9, 2019.

오세현, 「조선 중기 정여창 가문의 종통 논쟁과 인적네트워크」, 『남명학연구』 75, 2022.

2) 건축으로 본 남계서원 _ 고영훈

2017년 7월 6일 유네스코 세계문화유산 위원회는 '한국
의 서원(Seowon, Korean Neo-Confucian Academies)'을 등
재 결정함에 따라, 한국의 서원에 포함된 9곳−소수서원,
남계서원, 옥산서원, 도산서원, 필암서원, 도동서원, 병산
서원, 무성서원, 돈암서원이 세계유산에 포함되었다. '한국
의 서원'이 문화유산 등재기준의 3번째 조건인 '현존하거나
이미 사라진 문화적 전통이나 문명의 독보적 또는 적어도
특출난 증거일 것'을 충족하였고, 한국의 서원이 조선 사회
의 성립에 기초가 된 성리학을 가르치는 교육기관으로 탁월
한 가치가 있다고 인정하였다.

| 한국의 서원(한국의 서원 통합보존관리단)

125

조선시대의 정치이념, 유교와 교육기관

조선은 유교 정치이념을 바탕으로 건국된 국가이며, 개국 초기부터 유교를 관리와 백성들에게 널리 확산시키기 위해 성균관의 설립과 유생 교육에 관심을 기울였다. 나라의 관리와 지도자가 삼강, 오륜을 몸소 실천하여 백성을 교화시키고 다스리고자 하였다. 성균관의 주요 교육과정은 9과목으로 『대학』·『논어』·『맹자』·『중용』·『시경』·『서경』·『예기』·『춘추』·『역경』 등이었다. 조선의 과거제도는 문과·무과·잡과로 크게 구분하였으며, 성균관은 문과 중 소과(소과·진사시·생원시)에 합격한 젊은 유생을 받아들여 교육하고, 대과(大科) 시험 자격을 주었다.

세종대에는 성균관뿐만 아니라 지방관이 파견된 고을에까지 교관을 파견하여 향교를 건설하고 유생을 가르치게 하였다. 향교에서 공부할 수 있었던 계층은 양반가를 비롯한 양인이므로 소과에 응시하고 합격하여 성균관 유생이 되고자 하였던 나이 어린 학생들이 향교의 유생이 되었다.

조선중기 이후부터 사설 교육기관인 서원이 설립되었다. 학문적·경제적 배경이 비슷한 서원 학생들은 학문이 뛰어난 선비를 스승으로 극진히 모시며 동문수학하였고, 많은 수가 과거급제를 통해 지역과 일가를 빛낸 결과로 서원의 건립이 유행처럼 번졌다.

대체로 초기에 지어진 서원들은 성균관과 향교에서처럼 덕행과 인품이 뛰어난 선현을 본받고, 유학을 공부한 관료를 양성하는 것이 목표였다. 성균관의 문묘나 향교 대성전에서 공자를 비롯한 중국의 유학자들과 고려 및 조선의 선현을 함께 제사 지내는 것과는 다르게 지역의 이름난 선현과 학문과 덕행이 우수한 선비를 서당의 사우에 모셔 제사를 지냈기에 향촌민의 교화에 더 큰 노력을 기울였다.

서원의 시초, 소수서원과 남계서원

| 소수서원 앞 죽계천 바위에 주세붕이 새긴 글(한국민족문화대백과사전)

소수서원(紹修書院)

소수서원은 주세붕(1495~1554)에 의해 건립된 최초의 사액서원으로 알려져 있다. 주세붕은 "사당을 세워 본받을 만한 인물을 기리고, 서원을 세워 학문을 돈독하게 하는 것이 난을 극복하고, 기근을 구제하는 것보다 더 중요한 것이다."라고 주장하였다. 이후 1548년 이황(1501~1570)이 풍기군수로 재임하며 조정에 상소하여 서원의 전통을 뿌리내리고, 성리학 발전의 기틀로 삼기 위해 사액과 재정 지원을 청하였다. 1550년 명종은 '소수서원'이라는 편액(扁額)을 내리고, 사서오경과 성리대전(性理大全) 등의 서적을 하사하였다.

남계서원(灆溪書院)

| 정여창선생 추모비와 남계서원

1552년(명종 7) 벼슬길에 오르지 않고 학문에 전념하였던 강익(姜翼, 1523~1567)은 함양지역 유림과 함께 힘을 모아 정여창을 배향하는 서원을 건립하였다. 1566년(명종 12)에는 영남지역 33인의 유생 대표로서 정여창의 신원 회복과 서원의 사액을 요청하는 상소문을 올려 '남계'를 사액으로 받았다. 훗날 강익은 정온과 함께 이곳에 배향되었다. 남계서원은 1868년 흥선대원군이 전국의 서원을 철폐할 때도 훼철되지 않고 존속된 47개 사액서원 가운데 하나이다. 서

원은 지방관이나 지역의 선비들이 모인 유림이 주도하여 건립되고, 교육 운영을 전적으로 유림에 맡긴 사립 교육기관이었다. 하지만 옛 성현에 제사를 지내고, 학자를 키워 향촌민을 옳은 길로 이끌고자 한 점에서 조선 초기 향교의 설립 목적과 같은 역할을 하였다.

남계서원 설립과 서원의 확산

소수서원과 남계서원의 사례를 본받아 지역에 훌륭한 인물이 태어났거나 깊은 인연을 맺은 장소에서 지방관이나 지역의 유생, 혹은 제자가 그 인물을 배향하는 사우와 서원을 건립하는 것이 두드러지기 시작한다.

영남지방을 중심으로 하는 영남학파는 경주의 이언적(1491~1553), 안동의 이황, 산청의 조식(1501~1572) 등을 스승으로 둔 지역의 선비들과 학맥이 아직 개발되지 않은 향촌을 개발하고, 동성촌을 형성한 재지사족(在地士族)을 이르는 말이다. 이들은 대체로 고려 시기 향리 집안의 후예로 고려 말 조선 초에 공신으로서 나라에 공을 세웠거나, 과거에 합격하여 서울로 상경하였다가 사화(士禍)나 전쟁 등으로 조상이나 친족의 마을로 낙향하여 지역에 기반을 둔 지식인 계층이었다.

재지사족은 향촌을 경영하는 중소 지주로 경제적 기반과 과거에 응시할 수 있는 양반 사족이라는 신분적 배경을 가졌으므로 교육과 교화를 통해 향촌사회의 지배계층으로 부상하였다. 과거급제를 통해 중앙 관직에 진출한 재지사족은 지역에서 차지하는 위상이 매우 컸다. 서원은 재지사족의 학문적 성장을 이끌고, 향촌민을 교육하는 장소인 동시에 제례 행사를 주관하여 지역의 구심점 역할을 한 장소가 되었다.

서원의 공간 – 사묘 공간과 강학 공간

서원은 대체로 통행이 좋은 길목이나 경치가 빼어난 곳에 있어 많은 사람이 드나들었다. 안동 하회마을에 위치한 병산서원, 이황의 도산십이곡(陶山十二曲)의 장소인 도산서원 그리고 함양의 남계서원이 그 대표적 예라고 할 수 있다.

남계서원의 동쪽으로는 남강이 흐르고, 남향으로 약 2킬로 떨어진 연화산 기슭에 함양 사근산성(沙斤山城, 사적)이 위치하고 있다. 조선시대에는 사근산성을 기점으로 사근로(沙斤路)라 불리는 역참길이 설치되어 거창과 진주 사이를 연결하는 중요한 교통요지로 발달하였다. 남계서원은 남강의 뛰어난 풍광과 역참의 길목에 자리하고 있어 사람들이 자주 드나들 수 있는 좋은 여건을 갖추었다.

서원은 향교와 같이 공자와 그의 제자처럼 뛰어난 유학자를 사당에 모셔 기리고 닮고자 하는 목적과 아울러 수기치인(修己治人)하는 유학자로서 실천적 목적을 세웠던 곳이다. 따라서 서원의 공간을 나누는 기준은 선현의 위대한 업적을 기리며 제향하는 사묘(祠廟) 공간과 선현의 유학적 정신을 배우고 익히기 위한 강학(講學) 공간으로 구분된다. 사묘 공간에는 사당과 동·서무, 전사청 등의 건물이 세워지고, 강학 공간에는 강당과 동·서재, 장판각 등의 건물이 세워짐으로써 복합적으로 구성된다. 이에 누문(樓門)이나 정자(亭子)를 추가하여 자연을 통해 정서적으로 인격을 함양하고자 하는 유식(遊息) 공간도 함께 나타난다.

남계서원의 건축적 특징

남계서원은 넓은 평지와 흐르는 개울을 앞으로 두고 경사지에 서원을 조성한 지형으로 유식과 강학 공간을 먼저 구성하고, 그 뒤로 사묘 공간을 둔 전학후묘(前學後廟)의 배치를 보인다. 평지에 세워진 서울 성균관의 문묘와 나주향교·밀양향교 등 여러 학교 기관은 전묘후학(前廟後學) 형태를 보이고 있었으나 남계서원은 다른 배치 형식을 택했다. 이후 많은 수의 서원은 남계서원과 유사하게 경사지에 세워져 전학후묘의 배치를 따르게 되어 배향 인물을 모신 사묘 공간을 강학 공간보다 높게 하여 공간적 위계를 높게 보이도록 했다.

풍영루(風詠樓) – 대문의 역할

풍영루는 정면 3칸 측면 1칸 규모의 팔작지붕을 한 누각 형태의 외삼문으로 남계서원의 대문 역할을 하는 곳이다. 풍영루는 서원의 내부에서 목재로 만든 층계를 통해 상층으로 오를 수 있는 누각이다. 누각의 하층은 육각의 주좌(柱坐)를 두고, 그 위에 육각형의 단면을 가진 장주초석을 세워 구성하였으며, 장주초석의 상부에 마루와 기둥을 짜서 상층을 구성하였다.

풍영루 편액은 강익이 '풍영루'라 짓고, 영남의 큰 유학자인 조식의 글씨를 현판으로 제작하였다. 풍영루의 상층 실내에는 1841년 정여창의 후손 정환필이 쓴 「풍영루기(風詠樓記)」와 1849년 기정진이 쓴 「풍영루중수기(風詠樓重修記)」, 그리고 1940년 민병승이 쓴 「풍영루중건기(風詠樓重建記)」가 남아있어 옛 모습을 가늠케 한다. 풍영루의 누마루는 머름과 계자각 난간을 둘러 누마루에 머무는 사람들의 시야와 개방감을 준다. 풍영루는 지붕을 주심도리·중도리·종도리로 받친 5량 구성을 한 건축물로서 대들보 위에 종보를 하나 더 사용하여 종도리를 받고, 지붕의 합각부를 지지하는 대들보와 측면기둥에 결구되는 휘어진 모양의 충량(衝樑)을 두어 구성한 것이 특징이다. 풍영루는 원형의 서까래를 내밀어 처마를 만든 것에 다시 사각형 단면을 가진 부연(浮椽)을 얹어 처마를 외부로 더욱 길게 돌출시켰다. 또한, 풍영루는 이익공(二翼工) 형태의 건물로 일반적인 건축물에 비해 건물의 크기도 클 뿐만 아니라 장식과 단청의 형태도 더욱 다채롭고 풍부하다. 풍영루는 둥근 단면의 원기둥 상부에서 이익공을 구성하는 두 단의 공포 부재를 두었으며, 건물 내부의 보아지와 도리 방향의 첨차 부재들은 구름을 형상화한 운공(雲工)으로 조각되었다. 창방과 주심도리의 장혀 사이의 공간을 받치는 화반은 연꽃을 형상화한 형태로 화려하고 섬세한 누각 건물의 특징을 보인다. 큰 고을의 향교에도 격을 높이기 위하여 누문을 설치하기도 하였지만 남계서원과 달리 장식을 최소한으로 억제하여 소박하고 엄숙한 외관을 갖는 것과 비교된다.

| 남계서원의 풍영루

명성당(明誠堂) - 강당의 역할

강학 공간인 명성당과 동측에 양정재(養正齋)와 서측에 보인재(輔仁齋), 그리고 보인재의 옆에 묘정비각이 보인다. 명성당·양정재·보인재 각각의 건물은 강학과 휴식을 위해 마루를 크게 두어 실용성을 높였다. 명성당은 정면 4칸 측면 2칸의 규모에 겹처마 팔작지붕을 가진 강당 건물로서 중앙의 2칸은 대청을 둔 마루가 있고, 좌우에는 온돌방을 두었는데 좌측에 거경재(居敬齋), 우측에 집의재(集義齋)라는 현판을 걸었다. 명성당도 풍영루와 유사하게 겹처마 형식의 이익공형 건물이며, 연꽃이 만개한 모습의 화반을 설치하였다. 온돌방 어칸 중앙의 기둥 사이에는 부재가 큰 대량을 가로질러 실내 기둥을 생략한 실용적인 구조를 채택했다.

강당 대청에 걸린 명성당이라는 현판은 『중용』에서 따온 것으로 성실하게 공부하여 가르침을 깨달으라는 뜻을 지닌다. 강당의 대청은 우물마루를 두어 학생의 강학을 위한 공간으로 계획되었다. 대청 후면 벽에 나무판자를 덧대어 만든 판벽과 그 아래에 머름을 설치하고, 환기 와 사생활 보호를 함께 고려하여 기둥과 기둥 사이에 쌍여닫이 판장문을 두었다. 대청의 천정과 벽에는 다양한 편액들이 걸려있어 남계서원의 역사를 알 수 있다. 대청과 맞닿은 두 온돌방은 스승이나 교수를 위한 장소로써 추운 겨울이나 비가 오는 날 스승과 학생이 함께 공부하기도 하였다. 대청마루에서 방의 중앙에 낸 외짝 여닫이문으로 출입할 수 있으며, 실내에는 반자가 있어 보온을 고려하였다. 특히 우측 집의재는 배면에 반침을 두어 실내에 벽장 공간을 마련해 둔 것이 특징으로, 건물의 배면에서 집의재 뒤편으로 덧대어 만든 반침 벽과 기둥이 보인다. 명성당의 좌·우측 벽에 각각 아궁이를 두어 온돌을 데울 수 있도록 했으며, 배면에는 쪽마루를 설치하여 여름에 문을 열어 쾌적하게 사용할 수 있도록 하였다.

동 · 서재 – 기숙사 역할

동재인 양정재는 『역경』의 몽이양정(蒙以養正)이라는 귀절에서 유래하였으며, 이는 교육을 함으로써 사람을 바르게 기르는 것은 성인의 공덕이라는 뜻이다. 서재인 보인재는 『논어』

에서 증자가 한 말 중에 이우보인(以友輔仁)이라는 귀절에서
유래하였는데, 군자는 글로써 벗을 사귀고, 인으로서 벗을
돕는다는 뜻을 가진다. 유생이 머물고 공부하는 건물도 강학
하는 목표가 수기치인임을 잊지 않도록 이름을 지었다.

| 남계서원의 명성당

　동·서재인 양정재와 보인재는 건물의 규모와 형태가 같
다. 두 건물 모두 제일 단순한 3량(三梁) 구성에 정면 2칸 측
면 1칸의 맞배지붕 건물로 아주 소박하고 단순하게 조성하
였다. 두 건물은 경사지에 지은 건물인 탓에 건물의 절반은
석축을 조성하여 높게 두고, 나머지는 낮은 지면에 기둥을
세워 다락마루를 구성하였으며, 석축 중앙에 아궁이를 설
치하여 석축 위에 있는 온돌방을 덥히도록 하여 실용적으로

구성했다. 지면이 낮은 쪽의 칸은 누마루를 설치하여 양정재는 애련헌(愛蓮軒)이라는 현판을 걸고, 보인재는 영매헌(詠梅軒)이라는 현판을 걸었다. 서원을 조성할 당시 서원 안에 연못을 파서 연꽃을 심고, 그 주변으로 매화를 심어 가꾸었다고 전한다.

묘정비각은 1799년(정조 3)에 후학들에 의해 건립되었는데, 비문은 정몽주 이래 정여창을 거쳐 송시열·송준길에 이르기까지의 학맥과 정여창의 생애 그리고 남계서원 창건과 사액 과정에 대해 자세히 기록하고 있다.

경판고(經板庫) - 도서관 역할

명성당의 좌측에는 경판고가 자리하는데, 정면 2칸 측면 1칸의 창고 건물이다. 실내 바닥은 지면으로부터 약 50㎝ 높여 만든 우물마루로 바닥을 짜고, 벽체는 나무 널을 덧대어 만든 판벽으로 구성하여 소장한 목판이나 서책의 통풍이 잘 되도록 계획했다. 경판고는 서원에서 보유한 책이나 판각 등을 보관하거나 판각을 인쇄하기도 하는 장소로서 유생을 교육한 '어정오경백편(御定五經百篇)'이나 '일두선생문집책판(경상남도 유형문화재)', '개암선생 문집 책판(경상남도 유형문화재)' 등을 소장하였으나 현재는 이것을 더욱 안전하게 보관하고 연구하기 위해 박물관으로 이전하여 보관 중이다.

사당 - 제향 공간

정여창, 강익, 정온을 차례로 배향한 사당을 들어가기 위해서는 강당인 명성당 배면에서 사당이 위치한 언덕까지 자연석으로 쌓은 계단을 올라야 한다. 명성당의 배면에서 사당 내삼문까지 나 있는 경사 계단의 좌우로 3단의 석축을 쌓아 만든 언덕이 보인다. 사우를 감싸는 내삼문과 담장은 담장 앞 언덕의 배롱나무가 가로막고 있어 여름에 활짝 핀 꽃과 함께 아름다운 정취를 보인다. 내삼문은 3칸의 맞배지붕으로 중앙 칸의 용마루가 좌우 협칸의 용마루와 같은 높이의 평삼문이고, 담장도 토석담장으로 소박하게 구성하여 제향 공간은 허례허식을 멀리한 유학자의 정신을 느낄 수 있다.

| 남계서원의 사당

사당은 2단의 자연석 기단 위에 정면 3칸 측면 2칸으로 구성한 겹처마의 맞배집이다. 전면퇴칸(前面退間) 공간을 두어 제사에 참여하는 사람들이 대기할 수 있게 하였고, 가공한 원형초석과 원형기둥을 사용하여 소박하지만 장중한 느낌을 준다. 내부 중앙에 정여창의 위패를 두고, 좌우에 정온과 강익의 위패를 모셔두었다. 우측 계단의 우측에는 제사 때 필요한 횃불을 피우기 위해 정료대(庭燎臺)를 두었고, 기단 우측에는 제례에 앞서 헌관이 손을 씻는 관세위(盥洗位)를 두었다.

사당의 오른편에는 제수(祭需)와 제기(祭器), 제구(祭具)를 보관하는 전사청(典祀廳)이 있다. 전사청은 정면 3칸 측면 2칸 규모의 부연이 있는 겹처마 맞배집 건물로, 어칸과 좌측칸은 툇마루를 둔 방으로, 우측칸은 창고로 구성되어 있다. 전사청의 좌우 측면은 담장과 만나고 있어 제례 준비를 위해 정면으로만 드나들도록 구성한 점이 특이하다.

사당이 위치한 곳은 가장 높은 언덕으로 좌우에 소나무 숲이 에워싸고 있어 매우 아름답다. 남계서원 주변으로 둘레길이 조성되어 있어 서원의 건축물과 자연을 함께 감상하고자 많은 사람이 찾고 있다.

세계문화유산인 남계서원의 보존과 활용

2017년 한국의 서원이 세계문화유산에 등재됨으로 인해 서원이 지닌 범세계적인 가치와 함께 남계서원을 포함한 9

개 서원이 알려지고 인정받게 되었다. 한국이 동아시아 유교문화권 가운데 가장 뛰어난 교육체계와 시설 등을 잘 보존하고 관리해 오고 있어 문화강국으로서의 위상이 높아지는 발판을 마련하였다.

선조들이 물려준 문화유산은 서원이라는 유형유산뿐만 아니라 무형의 가치도 있다. 무형의 가치는 전통을 이어 나가야 하는 의무와 함께 전통이 가진 가치를 현대에서도 재발견하고 활용하는 숙제까지 해당한다. 선현들이 탐구하였던 성리학이라는 학문과 세계관이 공간과 건축으로서 구현된 서원은 지역사회와 나라의 근간이 되며 조선시대 문화와 삶의 방식에 큰 영향을 끼쳤다. 현대에 이르러 서원이 가진 유·무형의 유산을 가치 있게 활용하는 것이 기성세대에게 당면한 숙제였으나, 우리의 후속세대는 세계문화유산의 등재로 인해 범인류적 가치를 두고 보존과 활용에 대하여 더욱더 치열한 고민을 해야 할 것이다. 서원 문화유산의 보존과 활용, 그리고 지속 가능한 발전을 위해서는 관리주체, 서원 관계자, 시민 등 이해관계자 간의 원활한 의사소통과 협동, 그리고 노력이 대단히 중요하다.

〈참고문헌〉

김동욱, 『한국건축의 역사』, 기문당, 2015.
김동욱, 『도산서당 선비들의 이상향을 짓다』, 돌베개, 2012.
김희곤, 『정신 위에 지은 공간, 한국의 서원』, 미술문화, 2019.

고영훈, 『진주의 옛 건축 – 조선시대 우도 문화권의 중심지』, 알마, 2014.

김도경, 『지혜로 지은 집, 한국건축』, 현암사, 2011.

김왕직, 『알기쉬운 한국건축 용어사전』, 동녘, 2007.

국사편찬위원회, 『삶의 공간과 흔적 우리의 건축문화』, 국사편찬위원회, 2011.

김자운, 「퇴계의 서원관과 조선후기 소수서원 강학의 변화」, 『퇴계학논문집』 제18호, 2016.

강정화, 「탁영 김일손의 지리산유람과 '속두류록'」, 『경남학』 31, 2010.

(재)한국의 서원 통합보존관리단, 『한국의 서원 세계유산목록 등재신청서』, 2016.

(재)한국의 서원 통합보존관리센터, 『세계유산 '한국의 서원' 주요 건축물 이력과 원문자료』, 2023.

3. 한국의 산지승원, 통도사

1) 통도사의 문화유산 _ 김연진

646년(선덕여왕 15년) 자장율사에 의해 창건된 통도사는 한국의 삼보사찰(三寶寺刹) 가운데 하나인 불보사찰(佛寶寺刹)로 대한불교 조계종 15교구 본사이다. 삼보란 불교의 세 가지 보물로 불보(佛寶)·법보(法寶)·승보(僧寶)를 뜻하며, 통도사는 그중 부처님의 진신사리가 금강계단에 봉안되어 있어 불보사찰로 알려졌다. 통도사에는 양산의 문화유산 260여 건 가운데 180여건 넘게 보관되어 있어 불교문화를 연구하는데도 중요한 사찰로 여겨진다. 2018년 6월에는 "산사, 한국의 산지승원"으로 유네스코 세계유산에 등재되었으며, 경남을 대표하는 사찰로 전 세계인의 주목을 받고 있다.

통도사는 개울가에 자리한 평지가람 형태로 동서 방향으로 길게 늘어져 있다. 가람배치는 금강계단을 중심으로 상로전·중로전·하로전의 세 영역으로 나눌 수 있다. 향을 올리는 곳, 즉 노전이 3곳으로 구분된다는 것은 각각 중심 전각이 별도로 구성되어 독립성을 갖추었다는 것을 의미한다. 과거 노전별로 사찰의 살림이 운영되었다는 기록이 있어, 각 노전이 개별 운영될 정도로 상당한 규모였다는 것을 알 수 있다. 절의 가장 중심이 되는 상로전에는 통도사 창건 배경이 된 금강계단과 대웅전이 자리 잡고 있다. 중로전에는 대광명전을 중심으로 용화전과 관음전이, 절의 입구인 하로전에는 영산전을 중심으로 극락보전과 약사전이 있다.

1,300여년 전, 자장율사가 통도사를 창건한 이래로 오랜 시간 이어져 내려온 통도사에는 자랑스런 문화유산이 곳곳에 숨어있다.

자장율사와 금강계단

통도사의 역사는 석가의 진신사리를 봉안한 금강계단의 역사라 할 정도로 금강계단의 의미는 크다. 이곳은 가람의 중심을 이룰 뿐 아니라 통도사 창건의 가장 중요한 요소이다. '계단'이란 불교에서 계를 수여하는 의식이 진행되는 의례공간을 말한다. 석가모니 당시 인도에서 비구들이 수계의식을 청하자, 부처님이 허락하여 기원정사 동남쪽에 단을 세운 것이 시초였다. 한국에서는 자장율사가 통도사에 계단을 세운 것이 최초이다. 통도사의 계단을 '금강계단'이라고 한 것은 불사리를 모셨기 때문이다. 금강은 금강석과 같은 강인함을 뜻하며, 이는 반야(般若)의 지혜로 모든 번뇌를 물리치는 것을 의미한다. 따라서 이곳은 승려로 출가하는 이들에게 수계하는 장소로 매우 신성하게 여겨졌다.

통도사라는 절의 이름 역시 금강계단과 밀접한 연관이 있다. 통도사는 영축산에 위치하고 있는데, 인도의 영축산과 통한다고 하여 통도사라 하였다. 인도의 영축산은 부처님이 『법화경』을 설법한 곳으로 유명하며, 수행자와 독수리들이 많이 모여 살아서 영축산이라 불렀다. 또 금강계단이 있으니, 모든 승려는 이 계단에서 득도한다는 의미에서 '통도'라 하였고, 일체중생을 제도한다는 의미에서 '통도'라 하였다.

| 일제강점기 통도사 금강계단(유리건판5278)

　자장은 출가 후 당나라에서 유학하고 돌아와 통도사에 금
강계단을 건립하였다. 『삼국유사』「전후소장사리조(前後所將舍
利條)」에 이에 대한 자세한 이야기가 남아 있다.

　선덕왕 때인 정관 17년 계묘년(643)에 자장법사가 당에서 부
처의 머리뼈와 어금니, 부처의 사리 100알과 부처가 입던 붉은
비단에 금색 점이 있는 가사(袈裟) 한 벌을 가지고 왔다. 그 사리
를 셋으로 나누어 하나는 황룡사탑에 두고, 하나는 태화사탑(太
和寺塔)에 두고, 하나는 가사와 함께 통도사 계단에 두었으나 그
나머지는 어디에 있는지 자세히 알 수 없다.

　금강계단은 창건 이후 여러 차례 중수되어 창건 당시의 모
습을 정확하게 알 수는 없다. 하지만『통도사지』「강희 을유

중수기』에는 조선후기 중건 당시의 모습이 기록되어 있어 지금의 모습과 비교해 볼 수 있다.

　　계단의 둘레 네 면은 모두 40척이다. 그 가운데 석함을 배치하고, 석함 내부에 석상을 안치하였으며, 석상 위에 3종의 내외함을 차례로 봉안하였다. 한 함에는 3색의 사리 4매가 봉안되었는데, 제3소매는 송운대사가 친봉했던 2매 중 하나이다. 한 함에는 2촌 정도 되는 불아 1매가 안치되어 있으며, 한 함에는 길이와 너비가 3촌 혹은 2촌가량 되는 정골지절 수십 편이 봉안되어 있다. 그 내부에는 비라금점가사와 패엽경문을 두었으며, 색은 변하여 잿빛이다. 또 덮개돌이 엎어진 네 면의 위아래는 3급으로 칠성분좌하고, 사방 네 모서리에는 팔부가 열 지어 서 있다. 상방의 연화석 위에는 석종을 으뜸으로 하였다.

『삼국유사』와 『통도사지』의 기록을 통해 방형의 단에는 석종이 있고, 석종은 뚜껑을 여닫을 수 있게 되어있음을 알 수 있다. 그 안에는 석함과 석상이 있으며, 그곳에는 자장이 당나라에서 가져온 부처의 진신사리가 봉안되어 있었다.

부처님의 진신사리

　　고려시대에는 사리를 봉안한 석종이 두번에 걸쳐 개봉된적이 있다. 『삼국유사』에 따르면 안렴사가 차례로 와서 계단에 예를 올리고 돌뚜껑을 들어 돌솥을 들여다보았는데, 처음에는 긴 구렁이가, 그 다음에는 큰 두꺼비가 있는 것을 보았다. 또 상장군 김이생과 시랑 유석이 돌뚜껑을 들어보니 작은 돌함이 있고, 그 속에 유리통이 있으며, 그 통 안에 사리가 네 알 있어 돌아가며 경배를 올렸다고 한다. 고려시대에는 불사리를 친견하는 것을 큰 영광으로 여기며 중요하게 생각해 이 같은 일이 생겼을 것으로 보인다. 더불어 원나라와 고려의 사신이 다투어 와서 예배하고, 많은 행각승이 몰려와 통도사의 계단을 참례했다는 기록으로 보아 고려 때도 금강계단은 중요한 참배 장소로 여겨졌음을 알 수 있다. 특히 고려 말인 1328년에는 원나라에 머물고 있던 인도의 고승 지공(指空)이 통도사 금강계단을 참배하고, 가사와 사리를 친견 후 법회를 열었던 것으로 보아 통도사의 명성은 이웃 나라에도 널리 알려졌음을 알 수 있다.

진신사리의 수난

금강계단의 사리가 널리 알려진 만큼 수난도 많았다. 1377년 왜적이 내침하여 사리를 가지고 가려 하자, 당시 주지 월송이 사리를 가지고 도망쳤다. 2년 뒤에 다시 왜적이 사리를 침탈하려고 했을 때, 그것을 가지고 통도사를 빠져나와 개경으로 피난했던 사실이 이색의 「양주 통도사 석가여래사리지기」에 자세히 나와 있다.

이후 사리는 왕실의 비호 아래 개성 송림사에 봉안되고 낙성회를 베풀었다. 이때 송림사에 사람들이 몰려들어 사리의 분신을 얻고자 하였으며, 타지에서 시주를 받고 있던 월송이 소식을 듣고 급히 송림사로 달려와 겨우 약간의 사리를 어렵게 받아 다시 통도사에 안치하였다.

사리는 이후 또 한번 시련을 겪게 된다. 왜적은 임진왜란 당시 통도사의 금강계단을 파괴하여 사리와 영골을 탈취했다. 이후 부산 동래에 사는 옥백이 왜군의 포로로 잡혔다가 그 사리와 영골을 가지고 도망쳐 왔다고 전한다. 1603년 사명대사가 왜적의 침탈을 염려해 금강산에 있던 스승 휴정에게 보냈다. 그러나 휴정은 금강산도 안전하지 못하다고 하며 영축산은 문수보살께서 친히 계단을 설치하라고 한 장소이니, 옛날 계단을 수리하여 사리를 봉안하라며 함 하나는 돌려보내고, 나머지 함은 태백산 갈반지에 봉안하게 했다. 휴정의 명을 받은 사명대사는 계단을 수리하여 사리를 안치하였다.

금강계단은 조선후기에도 꾸준히 중수되었다. 1652년에는 정인이, 1705년에는 성능이 중수하였고, 1823년·1838년·1872년에도 계속해서 중수하였다. 일제강점기인 1911년에는 대규모 중수가 있었는데, 그때 계단 주변에 석책을 둘렀다. 지금은 이 석책을 제거하였으며, 당시 석재들은 통도사 성보박물관 마당에 전시되어 있다.

하로전, 일주문에서 천왕문까지

| 일주문

   통도사에는 주차장에서 통도사로 들어가는 개울가를 따라서 무풍한송로가 있다. '무풍한송'이란 "바람은 춤추고 소나무는 차다"라는 뜻으로 일제강점기에 주지의 지혜로 보존이 가능했던 오래된 소나무 길이다. 이곳을 걷다보면 이름이 새겨진 바위를 쉽게 발견할 수 있는데, 통도사에서는 '이름바위'라고 하고, 글자가 새겨져 있다고 해서 '각자바위'라고도 한다. 일찍부터 전국에 이름난 사찰이었던 통도사를 찾은 수많은 사람들이 바위에 이름을 새겼는데, 현재까지 1,900여 명의 이름이 파악되었다. 1723년 가장 먼저 이름을 새긴 암행어사 유수(柳綏)를 시작으로 동래부사 박내정(朴乃貞), 단원 김홍도, 종두법을 보급한 지석영, 갑신정변의 주역이었던 박영효, 근대 울산의 큰 부자 김홍조 뿐만 아니

라 을사오적 중 1명인 이근택의 이름도 있다.

일주문 밖에는 사찰의 당간이 보이고, 당간 옆으로는 고승의 승탑들이 넓게 자리잡고 있다. 부도원을 지나면 일주문이 있는데, '영축산 통도사'란 편액은 흥선대원군이 썼다. 일주문은 1770년 중건되었는데, 사찰에 들어가기 전 하나의 마음으로 부처님의 진리를 생각하며 이 문을 통과하라는 의미가 담겨있다. 일주문을 지나면 거대한 목조 사천왕상이 있는 천왕문을 만날 수 있다. 불법을 수호하는 사천왕이 사찰로 들어오는 악귀도 막고, 사찰로 들어오는 중생들의 마음가짐도 바르게 하는 역할을 한다.

하로전의 중심전각, 영산전

통도사 하로전의 중심전각은 영산전이다. 영산전 앞에는 보물로 지정된 삼층석탑이 있다. 탑 앞에는 직사각형으로 연화무늬를 장식한 배례석이 있는데, 음각된 명문에 의하면 1085년(고려, 선종 2) 건립된 것을 알 수 있다. 석탑은 통일신라 말기, 9세기 이후의 특징을 가지고 있다. 1987년 석탑을 해체 복원할 당시 기단의 맨 윗돌에서 조선시대 백자가 발견되어 탑의 보수가 꾸준히 있었음을 알 수 있다.

석탑 뒤편의 영산전은 1714년 중건되어 보물로 지정되어 있다. 영산전은 석가모니가 『법화경』을 설한 영축산의 줄임말인데, 석가모니를 주불로 하며 부처의 일생을 여덟 장면으로 나누어 그린 팔상도를 함께 봉안하고 있다. 이곳에는 1736년 개금한 석가모니상이 봉안되어 있으며, 그 양옆에는 보물로 지정된 팔상도가 있다. 원본은 성보박물관에 있고, 영산전 내 팔상도는 모사본이다.

통도사의 팔상도는 1775년(영조 51) 유성·포관 등의 화승이 그렸는데, 석가모니가 과거에 쌓은 공덕으로 부처님이 되기 위해 인간세상에 태어나는 도솔래의상부터 인생무상을 깨닫고 고행 속에서 해탈하여 녹야원에서 설법하여 많은 제자를 거느린 후 열반에 드는 장면까지 화면을 꽉 채우도록 빼곡하게 묘사되어 있다. 팔상도를 자세히 보면 배경은 인도이지만 조선의 복식을 입은 군인, 실제로 쓰이던 조선의 건물 이름 등이 그림 속에 녹아 들어가 조선만의 팔상도를 완성하고 있다.

| 영산전

영산전에는 다양한 벽화가 있는데, 그중 가장 눈에 띄는 것은 〈견보탑품 변상도(見寶塔品變相圖)〉이다. 영산전 내부

벽화 중 가장 크고 화려해 보는 이들의 시선을 사로잡는다. 〈견보탑품 변상도〉는 한국에서 유일한 벽화라는 점에서 중요한데, 11층 높이의 보탑은 구름에 싸여있고, 여러 장식으로 장엄되어 있다. 보탑 주변에는 구름 위에 서 있는 보살과 제자들이 있고, 탑 중앙에는 활짝 문을 연 감실 안에 석가여래와 다보여래가 마주보며 합장하고 있다. '견보탑품'은 석가모니가 기사굴산에서 『법화경』을 설법할 때 화려하게 장식된 칠보탑이 땅에서 솟아오르고, 다보불이 석가모니불을 맞이하자 보살·천인·천룡팔부 등 참석한 대중이 칠보탑에 공양한다는 내용이다. 영산전의 〈견보탑품 변상도〉는 그 모습을 고스란히 벽화로 재현해 놓았다.

| 통도사 팔상도 중 〈녹원전법상〉　　| 영산전 〈견보탑품 변상도〉

극락보전

| 극락보전

| 극락보전 외벽 〈반야용선도〉

　하로전에서 가장 처음 만나는 극락보전은 서방정토의 주
인인 아미타불을 봉안한 곳이다. 아미타전 또는 무량수전이라고도 부르는데, 극락이 서방에 있다고 믿어 보통 사찰의 왼쪽에 위치한다. 이곳은 1801년에 중건하였는데, 아미타 불과 관음, 세지보살을 모시고 있다. 극락보전에서 가장 눈에 띄는 점은 외벽의 벽화인데, 극락으로 가는 배에 많은 사람이 타고 있는 〈반야용선도〉가 있다. 몇년 전 태풍으로 그림의 아랫부분이 훼손되었지만, 용 모양의 배에는 극락으로 가는 많은 사람이 합장하고 있으며, 배의 양 끝에는 인로왕 보살과 지장보살이 중생을 인도하고 있다. 배에는 갓을 쓴 선비, 비구, 아낙, 양반, 노인 등 다양한 신분의 사람들이 타고 있는데, 모두 앞으로 향해 보고 있으나 단 한사람만이 뒤를 돌아보며 삶에 미련을 둔 모습을 하고 있다.

중로전, 불이문에서 해장보각까지

불이문을 들어서면 중로전의 구역이다. 천왕문과 일직선으로 놓인 불이문은 중앙의 대들보를 코끼리와 호랑이가 이마로 받치고 있는 형태를 하고 있다. '불이(不二)'는 모든 것이 평등하고 차별이 없음을 뜻하는 말로 불이법문을 상징한다고 할 수 있다. 불이문의 현판에 '원종제일대가람(源宗第一大伽藍)'이란 글씨는 명나라 태조 주원장이 직접 쓴 것으로 경상남도 유형문화재로 지정되었다.

중로전은 탁 트인 하로전과 달리 안으로 깊숙이 들어가 있다. 불이문에서 바로 대웅전이 마주 보이는데, 오른쪽에는 관음전·용화전·대광명전이 나란히 위치한다. 천왕문-불이문-대웅전을 잇는 중심축에서 안쪽으로 들어가 공간의 깊이를 더하는 배치를 볼 수 있는데, 바닥면을 높이고 전각의 크기를 달리해 시각적으로 중첩되어 보이도록 하고 있다.

| 통도사 대광명전

| 통도사 용화전과 봉발탑

중로전의 중심전각, 대광명전

중로전의 중심 전각은 대광명전이다. 이곳은 법신불인 비로자나불을 봉안한 곳으로 대적광전·대광명전·비로전 등으로도 불린다. 통도사 대광명전은「대광명전삼성공필후현판」(1759년)에 의하면, 1756년 10월 21일 화재가 발생하여 1758년 1월 중건 공사를 시작하였고, 1759년 6월에 대광명전 단청을 마치고, 비로불상·영산전불상도금·후불탱을 동시에 완성했다고 한다. 정면 5칸 측면 3칸의 다포식 팔작지붕 건물로, 내부 정면 어칸 기둥에는 섬세하게 조각한 용머리가 있고, 불전의 측면에는 용 꼬리가 돌출되어 있어 조선후기 세련된 조각기법을 잘 보여주고 있다. 대광명전 내부에는 건물의 화재를 막기 위한 일종의 방화부적이 그려져 있다. 화재로 중건된 만큼 같은 일이 반복되지 않기를 바라는 당시 사람들의 마음이 잘 드러난다. 대광명전에는 보물로 지정된 삼신불탱화와 신중탱을 비롯해 81점의 벽화가 남아 있다.

용화전

대광명전과 관음전 사이에는 미래의 부처인 미륵불을 모시는 용화전이 있다. 이곳에는 약 2m 정도의 호분칠(흰색 안료로 불상 표면을 마감)을 한 소조미륵불좌상이 봉안되어 있고, 그 뒤로 미륵후불탱이 있다. 용화전 내부에는 한국에서 유일하게『서유기(西遊記)』를 표현한 사찰벽화가 남아 있다.

『서유기』는 당나라 때 고승 현장이 인도로 불경을 가지러 가면서 겪은 다양한 에피소드를 쓴 소설이다. 용화전 벽면에는 모두 6장면이 있는데, 태종의 명으로 수륙재를 주관할 고승을 선발하는 장면, 현장이 수륙대회를 베푸는 장면, 요괴에게 잡혀간 현장을 찾던 손오공이 삼두육비의 괴물로 변해 광분하는 장면, 가뭄이 든 천축 변방의 봉선군에게 비를 내려 주겠다고 약속한 손오공이 천궁에서 옥황상제를 만나는 장면 등이 있다. 통도사 용화전에 앉아 불경을 얻기 위해 고군분투한 『서유기』의 내용을 만나는 것도 즐거운 일이다. 용화전 앞에는 보물로 지정된 봉발탑이 있다. 일반 탑과 달리 석가의 가사와 발우를 미륵보살이 이어받을 것을 상징한 조형물로 뚜껑이 있는 큰 밥그릇을 올려놓은 듯한 모습이다. 이는 미래의 부처님을 통도사에서 맞이할 준비를 하고 있는 것 같다.

용화전과 한국전쟁

용화전에는 한국전쟁 당시 육군병원으로 사용된 흔적이 최근 발견되어 이목이 집중되었다. 2020년 용화전 미륵불을 새로 모시기 위해 불상의 복장을 개봉하였는데, 복장연기문에서 육군병원 퇴거 후 사찰의 각 법당·요사·암자가 무너졌으며, 용화전 미륵불이 파손되어 새로 조성했음을 밝히고 있다. 그간 말로만 전해지던 한국전쟁 당시 상황이 불상연기문에서 발견된 것이었다. 그뿐만 아니라 대광명전 벽면을 가득 채우고 있던 낙서에도 "통도사야 잘 있거라, 전우는 가련다."와 같이 전쟁 중 그려진 탱크·모자 등의 그림이 발견되어 통도사가 한국전쟁 때 육군병원으로 사용되었음을 알 수 있다. 통도사에 남아있는 복장연기문과 대광명전의 낙서, 생존자들의 증언과 사료를 통해 2023년 12월 '제31 육군병원 통도사 분원으로 쓰인 곳'으로 인정되어 현충시설로 지정되었다.

관음전

용화전 앞에는 1725년에 조성한 관음전이 있다. 조선후기의 특징을 잘 보여주는 건축물로 그 앞에는 3m에 달하는 석등이 있다. 관음전은 관세음보살을 모신 곳으로 중생의 고뇌를 주원융통(周圓融通)하게 씻어준다는 뜻에서 원통전이라고도 한다. 『법화경』관세음보살보문품에는 "만일 한량없는 백천만억 중생이 그 이름을 부르면 관세음보살이 그 음성을 관하고, 곧 해탈하게 하느니라."고 되어있어 지금까지도 불자들이 많이 찾는 전각이다. 관음전에는 1858년에 조성된 관세음보살도가 있는데, 기암괴석에 왼쪽 무릎을 세우고 앉은 백의관세음보살이 머리에 보관을 쓰고 널리 중생을 교화하기 위해 있다. 오른쪽 아래에는 합장하고 서 있는 남순동자가 있고, 왼쪽에는 해상용왕이 있으며 정병에는 불사의 감로수가, 중생의 어리석음과 번뇌를 제거해 준다는 버들가지도 있다.

해장보각

용화전 서쪽에는 자장율사의 영정을 봉안한 해장보각이 있다. 해장보각은 1727년에 만들어져 1900년에 중수되었다. 자장율사는 의자에 가부좌하고, 왼손에는 불자를 들고, 오른손으로는 불자의 술을 만지고 있는 모습을 하고 있다. 해장보각의 외벽에는 조선후기 민화인 까치와 호랑이가 그려져 있다. 까치는 좋은 소식을, 호랑이는 액운을 막아준다고 하여 길상의 의미를 가진다.

한편 통도사에는 봄을 가장 먼저 알리는 매화나무가 있다. 일명 '통도사 자장매'라고 불리는데, 1650년을 전후한 시기에 통도사를 창건한 자장율사의 뜻을 기리기 위해 심은 것이다. 통도사 영각 오른쪽 처마 밑에 있는 자장매는 아름답기로 유명하다. 그 외에 극락전과 천왕문 사이에 만첩홍매와 분홍매가 있으며, 이른 봄 가장 먼저 꽃을 피워 관람객들의 마음을 설레게 한다.

상로전, 금강계단과 대웅전

상로전의 입구에는 천왕문, 불이문과 일직선상에 배치된 대웅전이 있다. 1644년 중건된 대웅전은 상로전의 주 건물로 국보로 지정되어 있다. 대웅전은 건물의 4면에 편액이 걸려있다. 동쪽은 대웅전, 서쪽은 대방광전, 남쪽은 금강계단, 북쪽은 적멸보궁인데, 이렇게 건물의 네 면에 편액을 건 사례는 극히 드물다. 그래서 어느 방향에서 보아도 정면

| 통도사 대웅전

인 것처럼 보이는데, 이것은 동서방향으로 놓여진 통도사의 가람배치 때문으로 보인다. 건물은 대개 남향을 하는데, 통도사의 경우 동서로 놓여져 참배객들이 자칫하면 건물의 정면이 아닌 측면을 마주하게 된다. 따라서 대웅전이 가진 중심성을 드러내기 위해 정면과 측면의 구별을 배제한 정(丁)자형 지붕을 하게 되면서 지금의 모습을 갖추게 되었다.

대웅전의 기와는 일반기와·청동기와·철기와를 함께 쓰고 있고, 이런 사례는 현존하는 국내 건축물 중 유일하다. 대웅전 내부에는 불상이 모셔져 있지 않으며, 높낮이가 다른 단을 두어 중앙을 높게 하고, 단에는 연화문·국화문·모란문 등으로 화려하게 장식하였다. 참배객들은 금강계단으로 난 창을 통해 참배하도록 되어 있는데, 불단의 제일 아래에는 사람의 얼굴을 한 물고기인 '인두어'가 있다. 이는 부처님이 인두어로 변해 대중에게 설법을 한다는 이야기를 불단에

표현한 것이다. 그 외에도 불단에는 바다를 이상적인 공간
으로 생각하는 불교의 세계관에 맞게 게나 물고기 등 바닷
속 동물도 다양하게 표현하고 있다.

금강계단과 명부전

  대웅전의 양쪽으로 금강계단과 명부전이 있다. 명부전은
1887년 화재로 소실된 것을 1888년 호성대사가 중건하였
는데, 경상남도 유형문화재로 지정되어 있다. 명부전 내에
는 지장보살상이 있고, 그 뒤로 지장탱과 시왕탱이 있다.
지장보살은 석가여래가 입멸한 뒤부터 미륵불이 출현할 때
까지 천상에서 지옥까지 일체중생을 구제하기로 서원을 세
운 보살이다. 그래서 사람이 죽으면 명부전에서 49재를 지
내는가 하면 불교가 전래된 삼국시대 이후 오랫동안 지장신
앙으로 자리잡았다. 명부전 벽면에는 〈삼국지연의도〉와 〈수
궁도〉 등이 있다. 유방이 와룡을 세 번 방문했다고 하는 삼
고초려를 그린 그림이나 토끼를 태운 자라가 용궁을 향하고

| 통도사 명부전 벽화 〈수궁도〉

있는 그림이 벽면 곳곳에 있다. 사찰 벽화에 한국 고전소설이 그려진 예는 『토끼전』이 유일한데, 아마 당시 크게 유행했을 뿐 아니라 대중에게 친숙한 이야기를 벽화로 그린 것이 아닌가 한다.

대웅전 서쪽에는 응진전·삼성각·산령각이 있다. 응진전은 1677년 조성하였는데, 이후 여러 번 중수한 것으로 보인다. 응진전은 나한을 모신 건물을 말하는데, 영험한 능력을 가진 나한은 일찍부터 민간에서 신봉되어 왔고, 나한신앙으로 발전하기도 했다. 통도사 나한전에는 중앙에 석가여래와 좌우에 미륵보살·제화갈라가 봉안되어 있고, 양 옆으로 16명의 나한상과 범천·제석천왕상을 조성하였다.

응진전 옆에는 작은 연못인 구룡지가 있다. 『통도사 사리가사 사적약록』에는 통도사 창건과 관련하여 구룡지 이야기를 전한다.

자장스님께서 당나라 오대산 문수보살상 앞에서 기도를 드리고 있을 때의 일이다. 문수보살이 승려로 화현하여 가사 한 벌과 진신사리 1백과, 불두골, 손가락뼈, 염주, 경전 등등을 주면서 "이것들은 내 스승 석가여래께서 친히 입으셨던 가사이고, 또 이 사리들은 부처님의 진신사리이며, 이 뼈는 부처님의 머리와 손가락 뼈이다. 그대는 말세에 계율을 지키는 사문이므로 내가 이 것을 그대에게 주노라. 그대의 나라 남쪽 축서산(鷲栖山 : 영축산의 옛이름) 기슭에 독룡(毒龍)이 거처하는 신지(神池)가 있는데, 거기에 사는 용들이 독해(毒害)를 품어서 비바람을 일으켜

곡식을 상하게 하고 백성들을 괴롭히고 있다. 그러니 그대가 그 용이 사는 연못에 금강계단을 설치하고, 이 불사리와 가사를 봉안하면 삼재(三災)를 면하게 되어 만대에 이르도록 멸하지 않고 불법이 오랫동안 머물러 천룡(天龍)이 그곳을 옹호하게 되리라." 라고 말씀하셨다.

자장율사는 문수보살의 말대로 구룡신지에 이르러 구룡을 위해 설법하여 항복을 받은 후 금강계단을 쌓았다. 아홉 마리 용 가운데 다섯 마리는 오룡동으로, 세 마리는 삼동곡으로 갔으며, 한 마리가 가람을 수호할 서원을 세우고 남아있기를 원해 작은 연못을 파고, 머무르게 했다고 전한다. 구룡지는 수심이 낮지만 아무리 가뭄이 심해도 물은 줄지 않는 신비로움을 간직하고 있다.

통도사 성보박물관

통도사에는 다양한 불화를 한 번에 볼 수 있는 성보박물관이 있다. 성보박물관의 입구에는 10m 이상되는 괘불을 걸어 언제든 방문객들이 참배할 수 있도록 하고 있으며, 국보·보물을 비롯한 4만여 점 이상의 국가유산을 소장하고 있다. 주목할 만한 국가유산으로는 보물로 지정된 〈통도사 청동 은입사 향완〉, 〈문수사리보살최상승무생계경〉, 〈감지금니대방광불화엄경 주본 권46〉, 〈통도사영산전팔상도〉, 〈통도사대광명전삼신불도〉 등이 있다. 이곳에는 각 전각에 봉안되어 있던 불화를 비롯해 600여 점이 넘는 불교회화를 소장하고 있어 불교회화 전문 박물관으로 불리기도 한다.

〈참고문헌〉

통도사, 『한 권으로 읽는 통도사』, 담앤북스, 2022.
이기영·김동현·정우택, 『통도사』, 대원사, 1999.
통도사 홈페이지(http://www.tongdosa.or.kr)
사진 출처: 문화재청, 국립중앙박물관 유리건판사진

통도사 및 부속암자 문화재 지정현황(2023. 01. 문화재청)

연번	종목	명칭	지정일	수량/면적
1	국보	양산 통도사 대웅전 및 금강계단	1997-01-01	일괄
2	보물	사인비구 제작 동종 – 통도사 동종	2000-02-15	1구
3	보물	양산 통도사 국장생 석표	1963-01-21	1기
4	보물	통도사 청동 은입사 향완(1963)	1963-01-21	1점
5	보물	양산 통도사 봉발탑	1968-12-19	1기
6	보물	문수사리보살최상승무생계경	1982-11-09	3권 1책
7	보물	감지금니대방광불화엄경 주본 권46	1984-05-30	1권 1축
8	보물	통도사 영산전 팔상도	1990-09-20	8폭
9	보물	통도사 대광명전 삼신불도	1990-09-20	3폭
10	보물	묘법연화경 권2	1994-01-05	1권 1첩
11	보물	대불정여래밀인수증요의제보살만행수능엄경 권9~10	1994-01-05	2권 1책
12	보물	묘법연화경(1994)	1994-01-05	7권 7책
13	보물	묘법연화경 권3~4(1996)	1996-04-04	2권 1책
14	보물	통도사 석가여래 괘불탱	2002-10-19	1폭
15	보물	통도사 괘불탱	2002-10-19	1폭
16	보물	통도사 화엄탱	2002-10-19	1폭
17	보물	통도사 영산회상탱	2002-10-19	1폭
18	보물	통도사 청동 은입사 향완(2002)	2002-10-19	1점
19	보물	양산 통도사 금동천문도	2003-04-14	1점 (부속구포함)
20	보물	양산 통도사 삼층석탑	2006-06-01	1기
21	보물	통도사 아미타여래설법도	2006-07-18	1폭
22	보물	양산 통도사 영산전 벽화	2011-04-29	일괄(52점)
23	보물	양산 통도사 청동 은입사 향완	2011-12-23	1점
24	보물	양산 통도사 은제도금아미타여래삼존상 및 복장유물	2012-02-22	불상 1구, 복장유물 30건 48점
25	보물	양산 통도사 영산전	2014-06-05	1동
26	보물	양산 통도사 대광명전	2014-06-05	1동

연번	종목	명칭	지정일	수량/면적
27	경상남도 유형문화재	양산 통도사 석등	1974-02-16	1기
28	경상남도 유형문화재	양산 통도사 금니묘법연화경	1979-05-02	14권
29	경상남도 유형문화재	양산 통도사 금니금강경 12곡 병풍	1979-05-02	14권
30	경상남도 유형문화재	양산 통도사 경판	1979-05-02	746매
31	경상남도 유형문화재	양산 통도사 청동은입사 정병	1979-05-02	1개
32	경상남도 유형문화재	양산 통도사 청동여래좌상 및 청동사리탑	1979-05-02	1구 1개
33	경상남도 유형문화재	양산 통도사 청동여래좌상	1979-05-02	1구
34	경상남도 유형문화재	양산 통도사 청동사리탑	1979-05-02	1기
35	경상남도 유형문화재	양산 통도사 인적 및 동인	1979-05-02	2개 1개
36	경상남도 유형문화재	양산 통도사 청동여래입상	1979-05-02	1구
37	경상남도 유형문화재	양산 통도사 청동시루	1979-05-02	1개
38	경상남도 유형문화재	양산 통도사 만세루	1981-12-21	1동
39	경상남도 유형문화재	양산 통도사 극락전	1981-12-21	1동
40	경상남도 유형문화재	양산 통도사 명부전	1981-12-21	1동
41	경상남도 유형문화재	양산 통도사 응진전	1981-12-21	1동
42	경상남도 유형문화재	양산 통도사 약사전	1981-12-21	1동
43	경상남도 유형문화재	양산 통도사 용화전	1982-08-02	1동
44	경상남도 유형문화재	양산 통도사 안양암 북극전	1985-11-14	1동
45	경상남도 유형문화재	양산 통도사 천왕문	1985-11-14	1동
46	경상남도 유형문화재	양산 통도사 관음전	1985-11-14	1동
47	경상남도 유형문화재	양산 통도사 불이문	1985-11-14	1동
48	경상남도 유형문화재	양산 통도사 자장율사 진영	1990-12-20	1폭
49	경상남도 유형문화재	양산 통도사 삼화상 진영	1990-12-20	3폭

연번	종목	명칭	지정일	수량/면적
50	경상남도 유형문화재	양산 통도사 팔금강도	1990-12-30	8폭
51	경상남도 유형문화재	양산 통도사 대광명전 신중탱	1990-12-30	1폭
52	경상남도 유형문화재	양산 통도사 가경원년명 오계수 호신장도	1990-12-30	1폭
53	경상남도 유형문화재	양산 통도사 비로암 탱화	2000-01-31	8점
54	경상남도 유형문화재	양산 통도사 건륭57년명 신중도	2001-09-27	1점
55	경상남도 유형문화재	양산 통도사 안양암 함평11년명 신중도	2001-09-27	1점
56	경상남도 유형문화재	양산 통도사 지장시왕탱	2001-12-20	1점
57	경상남도 유형문화재	양산 통도사 가경17년명 지장시왕탱	2001-12-20	1점
58	경상남도 유형문화재	양산 통도사 극락회상탱	2002-06-07	1점
59	경상남도 유형문화재	양산 통도사 건륭17년명 아미타후불탱	2002-06-07	1점
60	경상남도 유형문화재	양산 통도사 광무4년명 감로탱	2002-08-14	1점
61	경상남도 유형문화재	양산 통도사 건륭40년명 현왕탱	2002-08-14	1점
62	경상남도 유형문화재	양산 통도사 동치5년명 칠성탱	2002-12-27	6점
63	경상남도 유형문화재	양산 통도사 함풍11년명 칠성탱	2002-12-27	7점
64	경상남도 유형문화재	양산 통도사 석당간	2004-03-18	1기
65	경상남도 유형문화재	양산 통도사 건륭40년명 약사여래후불탱	2005-01-13	1폭
66	경상남도 유형문화재	양산 통도사 가경3년명 미륵후불탱	2005-01-13	1폭
67	경상남도 유형문화재	양산 통도사 건륭57년명 삼장보살탱	2005-01-13	1폭
68	경상남도 유형문화재	양산통도사극락암칠성탱	2005-10-13	9점 1조
69	경상남도 유형문화재	양산 통도사 역대고승 진영	2006-11-02	62점
70	경상남도 유형문화재	청허당 진영	2006-11-02	1점
71	경상남도 유형문화재	사명당 진영	2006-11-02	1점
72	경상남도 유형문화재	환성당 진영	2006-11-02	1점

연번	종목	명칭	지정일	수량/면적
73	경상남도 유형문화재	우운당 진희 진영	2006-11-02	1점
74	경상남도 유형문화재	해송당 관준 진영	2006-11-02	1점
75	경상남도 유형문화재	추파당 대명 진영	2006-11-02	1점
76	경상남도 유형문화재	영한당 종열 진영	2006-11-02	1점
77	경상남도 유형문화재	삼성당 서징 진영	2006-11-02	1점
78	경상남도 유형문화재	구룡당천유 진영	2006-11-02	1점
79	경상남도 유형문화재	우계당 염일 진영	2006-11-02	1점
80	경상남도 유형문화재	백암당 관홍 진영	2006-11-02	1점
81	경상남도 유형문화재	용암당 혜언 진영	2006-11-02	1점
82	경상남도 유형문화재	화악당 태영 진영	2006-11-02	1점
83	경상남도 유형문화재	설송당 연초 진영	2006-11-02	1점
84	경상남도 유형문화재	성담당 의전 진영	2006-11-02	1점
85	경상남도 유형문화재	호암화상 진영	2006-11-02	1점
86	경상남도 유형문화재	대은당 우관 진영	2006-11-02	1점
87	경상남도 유형문화재	성월당 홍진 진영	2006-11-02	1점
88	경상남도 유형문화재	화악당 지탁 진영	2006-11-02	1점
89	경상남도 유형문화재	성곡당 신민 진영	2006-11-02	1점
90	경상남도 유형문화재	청담당 준일 진영	2006-11-02	1점
91	경상남도 유형문화재	춘암당 인천 진영	2006-11-02	1점
92	경상남도 유형문화재	구담당 전홍 진영	2006-11-02	1점
93	경상남도 유형문화재	영파당 성규 진영	2006-11-02	1점
94	경상남도 유형문화재	화곡당 계천 진영	2006-11-02	1점
95	경상남도 유형문화재	월허당 계청 진영	2006-11-02	1점

연번	종목	명칭	지정일	수량/면적
96	경상남도 유형문화재	취봉당 궤봉 진영	2006-11-02	1점
97	경상남도 유형문화재	도암당 우신 진영	2006-11-02	1점
98	경상남도 유형문화재	화봉당 유철 진영	2006-11-02	1점
99	경상남도 유형문화재	동명당 만우 진영	2006-11-02	1점
100	경상남도 유형문화재	의송당 최인 진영	2006-11-02	1점
101	경상남도 유형문화재	화담당 경화 진영	2006-11-02	1점
102	경상남도 유형문화재	경파당 경심 진영	2006-11-02	1점
103	경상남도 유형문화재	영암당 유홍 진영	2006-11-02	1점
104	경상남도 유형문화재	용파당 도주 진영	2006-11-02	1점
105	경상남도 유형문화재	침계당 관추 진영	2006-11-02	1점
106	경상남도 유형문화재	응암당 희유 진영	2006-11-02	1점
107	경상남도 유형문화재	금파당 임추 진영	2006-11-02	1점
108	경상남도 유형문화재	퇴은당 등혜 진영	2006-11-02	1점
109	경상남도 유형문화재	포운당 윤경 진영	2006-11-02	1점
110	경상남도 유형문화재	금암당 진영	2006-11-02	1점
111	경상남도 유형문화재	환응당 민열 진영	2006-11-02	1점
112	경상남도 유형문화재	학송당 이성 진영	2006-11-02	1점
113	경상남도 유형문화재	동파당 탄학 진영	2006-11-02	1점
114	경상남도 유형문화재	헌암당 진영	2006-11-02	1점
115	경상남도 유형문화재	호성당 석종 진영	2006-11-02	1점
116	경상남도 유형문화재	추파당 지첨 진영	2006-11-02	1점
117	경상남도 유형문화재	오성당 우축 진영	2006-11-02	1점
118	경상남도 유형문화재	일봉당우민 진영	2006-11-02	1점

연번	종목	명칭	지정일	수량/면적
119	경상남도 유형문화재	응허당 도흡 진영	2006–11–02	1점
120	경상남도 유형문화재	구봉당 지화 진영	2006–11–02	1점
121	경상남도 유형문화재	망운당 취일 진영	2006–11–02	1점
122	경상남도 유형문화재	보운당 진영	2006–11–02	1점
123	경상남도 유형문화재	용허당 지묵 진영	2006–11–02	1점
124	경상남도 유형문화재	낙운당 지일 진영	2006–11–02	1점
125	경상남도 유형문화재	홍명당 궤관 진영	2006–11–02	1점
126	경상남도 유형문화재	경해당 성찬 진영	2006–11–02	1점
127	경상남도 유형문화재	우담당 유정 진영	2006–11–02	1점
128	경상남도 유형문화재	금용당 경희 진영	2006–11–02	1점
129	경상남도 유형문화재	덕암당 혜경 진영	2006–11–02	1점
130	경상남도 유형문화재	구성당 봉의 진영	2006–11–02	1점
131	경상남도 유형문화재	용담당 성한 진영	2006–11–02	1점
132	경상남도 유형문화재	양산 통도사 신석우 초상	2006–11–02	1점
133	경상남도 유형문화재	양산 통도사 김경호 초상	2006–11–09	1점
134	경상남도 유형문화재	양산 통도사 동종 및 종거	2013–01–03	동종 1구, 종거 1기
135	경상남도 유형문화재	양산 통도사 목조사천왕상	2013–01–03	4구(악귀조복상 8구)
136	경상남도 유형문화재	양산 통도사 석가여래 영골 사리 부도비	2014–01–02	1기
137	경상남도 유형문화재	양산 통도사 응진전 영산회상도	2014–03–20	1폭
138	경상남도 유형문화재	양산 통도사 명부전 지장보살도·시왕도·사자도	2014–03–20	12폭
139	경상남도 유형문화재	양산 통도사 오방제위도	2014–03–20	1폭
140	경상남도 유형문화재	양산 통도사 사직사자도	2014–03–20	4폭
141	경상남도 유형문화재	양산 통도사 부도	2015–07–30	12건

연번	종목	명칭	지정일	수량/면적
142	경상남도 유형문화재	양산 통도사 우운당 진희대사 승탑 · 탑비 · 사리구	2015-07-30	승탑 1기, 탑비 1기,
143	경상남도 유형문화재	양산 통도사 낙운당 지일대사승탑 · 탑비 · 사리구	2015-07-30	승탑 1기, 탑비 1기,
144	경상남도 유형문화재	양산 통도사 동운당 혜원대사승탑 · 탑비	2015-07-30	승탑 1기, 탑비 1기
145	경상남도 유형문화재	양산 통도사 응암당 희유대사 승탑 · 탑비	2015-07-30	승탑 1기, 탑비 1기
146	경상남도 유형문화재	양산 통도사 무영당 축환대사승탑 · 탑비	2015-07-30	승탑 1기, 탑비 1기
147	경상남도 유형문화재	양산 통도사 용파당 도주대사승탑 · 탑비	2015-07-30	승탑 1기, 탑비 1기
148	경상남도 유형문화재	양산 통도사 능암당 지영대사승탑 · 탑비	2015-07-30	승탑 1기, 탑비 1기
149	경상남도 유형문화재	양산 통도사 설송당 연초대사승탑 · 탑비 · 사리구	2015-07-30	승탑 1기, 탑비 1기
150	경상남도 유형문화재	양산 통도사 연파당 덕장대사승탑 · 탑비	2015-07-30	승탑 1기, 탑비 1기
151	경상남도 유형문화재	양산 통도사 영월당 우징대사승탑 · 탑비	2015-07-30	승탑 1기, 탑비 1기
152	경상남도 유형문화재	양산 통도사 구용당 천유대사 승탑 · 탑비	2015-07-30	승탑 1기, 탑비 1기
153	경상남도 유형문화재	양산 통도사 동허당 법명대사 승탑 · 탑비	2015-07-30	승탑 1기, 탑비 1기
154	경상남도 유형문화재	양산 통도사 취운전	2016-12-01	1동 (204.37㎡)
155	경상남도 유형문화재	양산 통도사 서운암 동궁어필	2018-12-20	1책
156	경상남도 기념물	양산 통도사	2018-01-04	
157	경상남도 문화재자료	양산 통도사 장경각	1985-11-14	1동
158	경상남도 문화재자료	양산 통도사 동치8년명 신중도	2001-09-27	1점
159	경상남도 문화재자료	양산 통도사 광서19년명 신중도	2001-09-27	1점
160	경상남도 문화재자료	양산 통도사 광서16년명 신중도	2001-09-27	1점
161	경상남도 문화재자료	양산 통도사 동치3년명 신중도	2001-09-27	1점
162	경상남도 문화재자료	양산 통도사 광무3년명 지장시왕탱	2001-12-20	1점
163	경상남도 문화재자료	양산 통도사 아미타후불흑탱	2002-06-07	1점
164	경상남도 문화재자료	양산 통도사 가경19년명 아미타후불탱	2002-06-07	1점

연번	종목	명칭	지정일	수량/면적
165	경상남도 문화재자료	양산 통도사 성상22년명 아미타 후불탱	2002-06-07	1점
166	경상남도 문화재자료	양산 통도사 광서무인명 아미타 후불탱	2002-06-07	1점
167	경상남도 문화재자료	양산 통도사 사명암 감로탱	2002-08-14	1점
168	경상남도 문화재자료	통도사함풍7년현왕탱	2002-08-14	2점
169	경상남도 문화재자료	양산 통도사 함풍7년명 현왕탱	2002-08-14	1점
170	경상남도 문화재자료	양산 통도사 동치3년명 현왕탱	2002-08-14	1점
171	경상남도 문화재자료	양산 통도사 백련암 석가모니후 불탱	2002-08-14	1점
172	경상남도 문화재자료	통도사취운암지장시왕탱	2005-01-13	1폭
173	경상남도 문화재자료	양산 통도사 극락암 석조관음보 살좌상	2005-10-13	1구
174	경상남도 문화재자료	양산 통도사 극락암 아미타후불 탱	2005-10-13	1점
175	경상남도 문화재자료	양산 통도사 극락암 가경23년명 신중탱	2005-10-13	1점
176	경상남도 문화재자료	양산 통도사 극락암 반자	2005-10-13	1
177	경상남도 문화재자료	양산 통도사 백련암 용선접인도	2014-03-20	1폭
178	경상남도 문화재자료	양산 통도사 서운암 훈유어필	2018-12-20	1
179	경상남도 문화재자료	양산 통도사 서운암 묘법연화경	2019-12-26	7권
180	경상남도 문화재자료	양산 통도사 극락암 수세전	2023-02-23	48.6
181	국가등록문 화재	양산 통도사 자장암 마애아미타 여래삼존상	2014-10-29	3좌

2) 통도사와 승려들 _ 안순형

통도사는 경상남도 양산시 하북면 영축산의 넓은 품 안에 자리한 한국불교조계종 삼보사찰의 한곳으로 불보종찰에 해당한다. 신라의 자장(慈藏, 590~658)이 당나라 오대산에서 문수보살을 친견하여 불사리와 금란가사를 전해 받아와서 사찰을 창건하여 이것을 모시고, 금강계단을 쌓아 출가 수행을 원하는 사람을 득도시켰다고 전하기 때문이다. 비록 오랜 세월 동안 많은 혼란으로 당우가 소실되기도 하고, 공민왕이 속리사(俗離寺)에 행차하여 통도사의 불골(佛骨)과 사리를 참배하기 위하여 옮기기도 하고, 1379년에는 왜구의 약탈을 방비하기 위해 상대적으로 안전한 개성의 송림사(松

| 일제강점기 통도사 전경(국립중앙박물관)

林寺)로 옮겨서 안치하기도 하고, 임진왜란 때는 금강산으로 옮겨졌던 불사리가 왜적에게 약탈당하는 등 다양한 형태로 신령함에 훼손을 더하였다. 하지만 여전히 통도사의 근간은 불사리가 모셔진 금강계단이고, 한국불교를 지탱하는 대들보가 되고 있다.

통도사는 창건 초기부터 금강계단의 사리탑을 중심으로 형성됨으로써 전통적이고 전형적인 가람 배치와는 차이를 보인다. 임진왜란 이후, 특히 영조 때에 서쪽의 대웅전부터 동쪽의 일주문까지 활처럼 휘어진 중심축선 위에 여러 건물이 순차적으로 중건되면서 현재 가람 배치의 기본적 골격을 갖추게 되었다. 일반적인 가람 배치는 하단으로부터 상단으로 들어가면서 신앙의 대상을 점차 높여가는 차별적인 구조를 형성하지만 통도사의 경우는 상로전·중로전·하로전으로 불리는 평등하면서도 독립적인 신앙 영역을 갖추고 있다.

일주문과 천왕문을 지나면 하로전 영역인데, 이곳에는 현세불인 석가모니를 모시는 영산전을 중심으로 극락보전과 약사전 등이 있다. 영산전 내벽에 그려진 『묘법연화경』의 다보탑 벽화, 극락보전 외벽에 그려진 반야용선의 벽화 등이 주목된다. 불이문을 지나면 중로전 영역인데, 이곳에는 미래불인 미륵불을 모시는 용화전을 가운데 두고 남북 방향을 축으로 대광명전과 관음전 등이 있다. 불교에서 법맥의 전승을 주로 의발[가사와 발위]의 전수로 표현하는데, 용화전 앞의 봉발탑도 미륵불이 석가의 법을 계승한다는 의미로 설치된 것으로 보인다. 중로전의 서쪽이 상로전 영역인데, 이곳은 석가모니의 진신사리를 모신 사리탑과 그것을 참배하는 공간인 대웅전을 중심으로 창건주인 자장을 모시는 개산조당(開山祖堂)과 명부전 등이 있다. 특히 명부전 내부에는 삼고초려도·별주부도·화조도 등이 그려져 있어 민화박물관을 방불케 한다. 이외에도 현재 영축산 자락에는 고려 때 창건된 안양암부터 현대의 관음암까지 산중 암자가 17곳 있으며, 비구뿐만 아니라 비구니들의 수행처인 보타암도 자리하고 있다.

| 통도사 창건주를 모신 개산조당

불보종찰이자 대가람이었던 통도사에는 창건주 자장율사이래로 조선후기의 우운 진희(友雲 眞熙), 설송 연초(雪松 演初), 성해 남거(聖海 南居)를 거쳐 일제강점기의 천보 구하(天輔 九河)와 현대의 경봉 정석(鏡峰 靖錫) 등 수많은 고승이 머물며 수행하였다. 여기서는 자장·우운·경봉 등의 행적을 간단히 살펴본다.

통도사의 창건주, 자장율사

통도사의 개산조사(開山祖師)인 자장은 당나라로부터 계율을 전래함으로써 한국불교의 발전을 위한 초석을 다졌던 인물이다. 그는 이차돈의 순교로 신라에 불교가 공인되어 활발하게 전교되고 있던 590년(진평왕 12)에 소판(蘇判) 김무림(金茂林)의 아들로 태어났다. 그의 아버지는 오랫동안 후사가 없자, 천수관음상을 조성하며 "만약 아들을 낳으면 삼보에 희사하여 법해의 진량(津梁)으로 삼겠다."고 맹세하여 자장을 얻었고, 그가 석가와 마찬가지로 '4월 8일'에 출생했다는 것 등으로 보아 자장의 가문은 이미 불교와 상당히 긴밀한 관계가 있었을 것이라 짐작할 수 있다. 부모님이 돌아가시자 그는 처자식을 버리고, 전원을 희사하여 원녕사(元寧寺)를 지었으며, 자신도 진골의 신분으로 입신양명의 영달이 보장되어 있었지만 출가 수행의 길을 택하고자 하였다.

자장은 몸소 두타행을 닦았고, 한편으로는 작은 방에 가시나무를 둘러거나 머리카락을 대들보에 묶어서 혼미하고 나태해지려는 몸과 마음을 다잡으며 고골관(枯骨觀)을 수행하였다. 그는 출가 이전부터 계율에 대해 확고한 믿음을 지니고 있었고, 이 믿음은 그의 일생 동안 변함없이 견지되었다. 예를 들면, 진평왕이 거듭 세속의 벼슬로 그를 불렀지만 "저는 차라리 하루만이라도 계를 지켜다가 죽을지언정 백년 동안 계를 깨뜨리며 살기를 원하지 않습니다."라고 자신의 단호한 의지를 드러냄으로써 마침내 왕명으로 출가를 허락받았다. 자장이 이처럼 계율을 수호한 것은 자신의 수

행만을 위한 것이 아니라 중생의 구제를 위한 것이었다. 이 때문에 도리천으로부터 내려온 신인(神人)에게 '5계'를 받게 되자, 그는 이것을 남녀노소 대상을 가리지 않고 널리 베풀어 대중들이 유익할 수 있도록 하였다.

불법의 교화가 미약한 변방에 태어난 것을 탄식하던 자장은 638년(정관 12)에 문도 10여 명과 함께 당나라로 건너가 오대산(일명 청량산)에서 문수보살을 친견하여 깨달음을 얻고, 불사리와 금란가사를 전해 받았다. 장안의 종남산에서는 두순(杜順)에게 화엄종지를, 남산율종의 개산조 도선(道宣)에게 『사분율』을 수학하여 수행의 깊이를 더하였고, 한편으로는 당나라 태종에게도 우대를 받았다. 643년에 선덕여왕의 요청으로 태종의 허락을 받아 귀국하게 되는데, 이때 400여 함의 대장경을 포함한 여러 불구(佛具)를 가지고 돌아오게 된다.

선덕여왕은 강리(綱理)로서 불교계를 숙정하기 위하여 자장을 국가의 최고 승관직인 '대국통(大國統)'으로 삼아 분황사에 머물게 하고, 승니의 일체 규범을 모두 그에게 위임하여 주관하도록 하였다. 자장이 선덕여왕에게 대국통이란 최고의 대우를 받을 수 있었던 것은 당나라에 유학하여 선진적 불학을 배우고, 태종에게 깊은 존경을 받았기 때문만이 아니라 그 스스로가 진골 출신이면서도 친왕권적 성격을 지녔던 것도 크게 작용했을 것이다. 자장은 위임받았던 승단의 숙정과 관리를 위하여 승니의 5부 대중[비구·비구니·사미·사미니·식차마니]에게 보름마다 계를 설하는 '포살'을 시행하

175

고, 봄과 겨울에는 전체적으로 시험을 시행하여 승니들에게
계를 지닌 것과 범한 것을 알도록 했으며, 원관(員管)을 두어
이것을 유지하도록 하였다.

| 통도사 금강계단 불사리탑

자장의 노력으로 불교계가 점차 숙정되게 되자, 출가하고
자 하는 사람들이 점차 많아지면서 불교의 교세는 더욱 확
대되었다. 이에 자장은 오대산 문수보살의 가르침에 따라
646년에 석가모니가 상주하며 설법했다는 인도 마가다국의
기사굴산(耆闍崛山)과 유사한 산세를 갖춘 삽량주(歃良州)의
영축산 자락에 사찰을 창건하게 된다. 『통도사 창창 유서(通
度寺創刱由緖)』에 의하면, 통도사의 자리는 원래 9마리의 독
용(毒龍)이 살던 큰 연못이 있었는데, 자장이 설법으로 그들
을 굴복시키고 연못을 메워 절을 창건했다고 전한다. 『삼국
유사』에서는 불사리탑에 대하여 돌로 2층의 계단(戒壇)을 설

176

치했는데, 가운데 문수보살로부터 받은 100과의 불사리 중에 1/3을 안치하고, 둥거스름하게 솥을 엎어 놓은 것처럼 돌[石鑊]을 눌러 놓았다고 한다. 자장이 금강계단을 이러한 모습으로 조영한 것은 그가 수학했던 남산율사 도선의 『관중 창건 계단도경(關中創建戒壇圖經)』의 "그 후에 제석천이 사리를 덮는 것으로 계단 위에 복부형(覆釜形)을 더하였다. 대범왕이 또한 헤아릴 수 없는 가치의 보주로 복부형의 위에 두고 사리를 공양하였다."는 것에서 유래한 것으로 보인다. 즉, 둥거스름한 돌솥은 복부형의 돌과 동일한 의미로 현재 통도사에 남아 있는 불사리탑의 상부를 말한다. 이곳은 수계 때에 임시로 흙을 쌓아 계단을 만들었다가 다시 흩어버리는 것이 아니라 출가 수행자들이 변치 않는 계행의 실천을 다짐하는 곳이란 의미에서 돌로 쌓았기 때문에 '금강계단'이라고 불렀다. 당시 출가를 원하는 사람들은 통도사로 찾아들어 자장에게 가르침을 청하였고, 그들은 석가모니의 영령이 깃들었다고 믿는 금강계단 아래서 그의 가르침을 철저하게 받들 것을 서약하였다.

승속의 사람들은 일찍부터 불교의 성지인 통도사를 찾아 금강계단을 참배하고 많은 시문을 남겼는데, 고려의 국사였던 진각 혜심(眞覺慧諶, 1178~1234)도 그 중의 한 사람이다.

석존의 사리가 높은 계단에 있는데(釋尊舍利鎭高壇),
  석 존 사 리 진 고 단
부도 허리 부분에 불탄 흔적이 있구나(覆釜腰邊有火癜).
  복 부 요 변 유 화 반
듣건대 황룡사탑이 불타던 날에(聞道黃龍災塔日),
  문 도 황 룡 재 탑 일

이 부도도 함께 타서 일체임을 보였다지(連燒一面示無相).

『대동영선(大東詠選)』「석존의 계단을 예배하며(禮釋尊戒壇)」

자장은 석가모니가 친히 입었다는 가사와 당시까지 역경되었던 불전의 총서인 대장경도 함께 통도사에 봉안하고, 한편 도선으로부터 수학했던 『사분율』을 중심으로 다양한 율장도 널리 베풀었다. 그의 이러한 행적은 통도사가 신라 불교계뿐만 아니라 이후 고려와 조선을 거쳐 현재까지도 한국불교계의 정신적 지주가 될 수 있도록 하였다.

통도사의 중창주, 우운 진희

통도사 내에 현전하는 석재 봉발탑, 청동 은입사 향완 (1963, 보물), 청동 사리탑(도 유형문화재) 등이나, 사역(寺域)을 표시하기 위해 양산시 하북면 백록리, 밀양시 무안면 무안리 등 12곳에 세웠다는 국장생 석표 등을 통해서 볼 때, 고려시대까지 통도사는 계속 사세를 확장하고 있었다. 조선전기 숭유억불 정책이 시행되고, 태종이 통도사의 사리 등을 명나라에 양도함으로써 사세는 주춤하게 되었고, 임진왜란으로 당우가 불타고, 사리의 약탈을 위해 금강계단이 훼손되면서 통도사는 철저하게 파괴되었다. 당시 통도사의 쇠락한 모습에 대해 서산대사의 제자 정관 일선(靜觀 一禪, 1533~1609)은 아래와 같이 읊고 있다.

영축산의 통도사 이전 왕조에서 창건되어(鷲棲通度前朝創),

동방의 형승지가 바로 이 산이네(形勝東方即此山).
……

밤도 사람도 고요하여 스스로 즐거우나(自忻夜靜人還靜),
다만 절도 승도 쇠잔해졌으니 한이로다(唯恨僧殘寺亦殘).
『정관집(靜觀集)』「제통도사(題通度寺)」

　　동래의 옥백(玉白)거사가 약탈당했던 불사리를 되찾아 오자, 사명대사는 1603년에 금강계단을 임시로 수리하여 그것을 안치하였다. 하지만 잇따른 전란으로 물자가 부족하여 통도사의 중창은 쉽지 않았고, 1641년(인조 19) 우운(?~1694)이 대웅전을 중건하면서 점차 사세는 흥기하게 된다. 그는 경기도 출신으로 소요 태능(逍遙 太能)의 문도로 알려져 있지만 어떻게 통도사에 정착했는지는 알 수 없다. 다만 소요가

| 통도사에 소장된 우운당 진희 진영(『한국의 사찰문화재』)

179

부휴선사의 제자이자 서산대사의 전법제자이고, 우운이 소요의 법손자였던 것이 계기가 되었을 가능성이 있다.

　우운은 소요의 선·교 일원론과 화엄사상을 중시했던 태도를 통도사에 머물면서도 계속 견지하였다. 현재 통도사에는 "선교양종우운당진희대선사지진(禪敎兩宗友雲堂眞熙大禪師之眞)"과 "대각등계화엄종주우운당진희대화상진영(大覺登階華嚴宗主友雲堂眞熙大和尙眞影)"이란 화제가 붙은 2점의 진영이 전한다. 전자에는 호운 도언(湖雲度彦)이 "오종(五宗)의 근본 뜻을 떨치고, 삼관(三關)의 빗장을 깨뜨렸네. 원래 그 계보가 있으니, 서천(西天)의 정맥(正脈)이라네."라면 선교 양종에서 뛰어난 선지식이었던 우운을 칭송하는 문장이 적혀 있다. 화제와 찬문만으로도 그가 당시의 선풍을 이끌었던 종장이었고, 화엄학의 종주로서 사상적 면모를 짐작할 수 있다.

　우운은 거의 50여 년 동안 통도사에 머물며 승속을 교화하였고, 한편으로는 임진왜란 때 전소된 당우의 재건과 전적 및 불구(佛具)를 갖추는데도 진력하였다. 그는 1641년(인조 19)부터 4년에 걸쳐 기존의 기단을 활용하여 '丁(정)'자형 지붕의 대웅전(정면 5칸, 측면 3칸)을 중건하여 현재의 장엄한 모습을 갖추게 하였다. 당시 불사의 어려움을 반영하듯 우운이 대웅전을 중건할 때 관음보살이 동구 밖 무풍교 아래 빨래하는 아낙으로 화현(化現)해 도움을 주었다고 전하고 있다.

　1650년에는 대웅전을 건립하고 남은 재원으로 본사의 개울 건너에 취운암(翠雲庵)을 창건하였다. 그가 취운암과 관련이 깊다는 것은 1881년 용허(龍虛)가 암자에 전해지던 진영을 네 번째로 제작한 것이 현전하는 것이나 그의 입적 후인 1694년에 「소요문인 우운당 진희대사비」와 부도가 암자의 뒤편에 모셔졌다는 것에서도 잘 반영되고 있다. 또한 그는 1649년에 삼강(三綱)의 일원으로서 통도사본 『묘법연화경』의 개판을 주도하였고, 1675년에는 통도사의 내력을 정리하여 『통도사사리가사사적약록(通度寺舍利袈裟事蹟略錄)』을 중간함으로써 천년고찰의 면모를 밝히고자 하였다. 이외에도 우운은 범어사 대웅전의 중건, 용연사의 계단 창건 등에도 적극 관여함으로써 외적으로 통도사의 위상을 드높였다. 임진왜란의 7년 전쟁으로 폐허가 된 가람을 전승시기의 면모로 회복시키기 위해 일생을 바쳐 진력했던 우운를 통도사에서는 중창주로 평가한다.

통도사의 군자, 경봉 정석

근현대에 통도사를 대표하는 고승으로는 '통도사 군자'라고 불리는 경봉선사(1892~1982)이 있다. 그는 경남 밀양 출신으로 1907년(16세)에 통도사의 성해화상에게 출가하였고, 통도사 산내 암자인 극락암 삼소굴(三笑窟)에서 91세로 입적할 때까지 승속을 넘나들며 끊임없이 자신의 수행과 대중의 교화를 위해 노력하였다.

통도사에는 성해를 비롯한 몇몇 승려의 주도로 1906년에 신식학문을 가르치는 불교명신학교(佛敎明新學校)가 만세루에, 통도사불교전문강원이 황화각(皇華閣)에 각각 세워졌다.

『대한매일신보(1908.11.06.)』에 의하면, 당시 학교장은 교육 전문가였던 윤치오가, 부교장은 서해운이, 학감은 김천보가 각각 맡았고, 학생수는 130명이나 되었다고 전한다. 명신학교가 성황을 이루자, 통도사 승려 서금성(徐金城)은 자신이 소유한 논 26두락 5승지를 학교의 재정 보조를 위해 기탁하여 교육의 기회를 더욱 확대해 나갔다. 경봉도 스승 성해의 권유로 1908년 3월에 명신학교에서 입학하여 신식 학문을 배웠다. 1912년 4월에는 혜담(海曇)화상에게 구족계와 보살계를 받았고, 그 후에 통도사불교전문강원에 들어가 만해선사에게 『화엄경』 등을 수학하며 불학의 깊이를 더해갔다.

| 통도사 극락암의 삼소굴

강원을 졸업했던 경봉은 "종일토록 남의 보배를 세어 봐야 자신의 몫은 반 푼어치도 없다[終日數他寶, 自無半錢分]."라

는 구절을 접하고, 인근 내원사의 혜월(慧月)선사를 찾아가 참선수행을 시작하였다. 그 후로 해인사, 석왕사, 금강산 마하연, 직지사 등지로 선지식을 찾아 수행하였고, 통도사로 돌아와 안양암에서 장좌불와하며 용맹정진하였다. 그 결과 1927년 통도사 극락암에서 화엄산림법회를 주도하던 도중에 활연대오하게 된다. 이후 한암·용성·동산·효봉·전강 등의 당대 선지식들과 교류하며 쇠락한 승가의 선풍을 진작시켜 나갔다. 1932년 통도사불교전문강원장에 취임한 것을 시작으로 1941년에는 조선불교중앙선리참구회의 이사장을 맡고, 1953년에는 통도사 극락호국선원의 조실로 추대된 것도 불학을 진작하고 후학을 양성하고자 한 것과 맥락이 잇닿아 있다.

| 경봉 정석의 진영(『삼소굴 향성』)

183

경봉은 대중의 교화에도 많은 관심을 가졌다. 통도사에서는 1912년 마산포교당 정법사를 시작으로 각 지역에 여러 포교당을 설립하였는데, 그도 1917년에 마산포교당으로 와서 지역민과 함께 호흡하며 불법의 포교에 힘썼다. 1935년과 1949년에는 두 차례에 걸쳐 통도사의 주지를 맡아 사부대중을 이끌며 가람을 수호하고 장엄하게 가꾸었다. 이외에도 경봉은 일제강점기 독립운동과 불교 진흥을 위해 노력했던 만해선사를 위하여 1967년 서울 탑골공원에 '만해선사기념비'를 조성하기도 하였다.

경봉은 본사에서 다양한 소임을 맡아 활동했지만 실제로 그의 자취가 가장 많이 남아 있는 곳은 본사와 멀리 떨어진 영축산 중턱의 극락암이다. 그는 1973년 이곳에서 82세의 노구에도 불구하고 매월 첫째 일요일에 정기법회를 개최하였고, 90세가 넘도록 사부대중과 함께 호흡하며 교화를 지속하였다. 또한 불문(佛門)에서는 드물게 67년간 (1909~1976세) 수행과 일상생활에 대해 상세하게 기록했던 '삼소굴일지(三笑窟日誌)'를 남겼다. 이는 그 개인의 행적뿐만 아니라 근현대 한국불교사의 연구에도 소중한 자료가 되고 있다.

〈참고문헌〉

『속고승전』, 『삼국유사』
조선총독부, 『조선사찰사료(상)』, 문현, 2010.

최완수, 『명찰순례(1)』, 대원사, 1994.

영축총림통도사 극락선원, 『삼소굴 향성』, 예원, 2012.

안순형, 『경남의 사찰여행』, 선인, 2015.

신용철, 「우운당 진희 분사리탑 연구」, 『동악미술사학』 제17호, 동악미
　　술사학회, 2015.

4. 해인사 장경판전

1) 고려대장경판을 모신 조선초기 불교건축, 장경판전 _ 이호열

해인사는 가야산 서남쪽 중턱에 자리 잡은 고찰로, 통일신라 애장왕 3년(802)에 승려 순응(順應)과 이정(利貞)이 창건했다. 불교에서 말하는 불법승(佛法僧) 삼보 중 해인사는 부처의 말씀을 기록한 팔만여장의 고려대장경판을 모신 사찰이라고 해서 법보사찰이라 한다. 세계기록유산인 고려대장경판을 보관하고 있는 해인사 장경판전은 조선 초기에 지은 독특한 목조건축이다. 다른 불교 전각과 달리 간결하고, 독특한 형태의 목조건물로, 조선 초기의 목구조 형식 및 탁월한 온도와 습도 조절 능력을 보여준다는 점에서 학술적으로 매우 큰 가치가 있다. 해인사 장경판전은 1962년에 학술적 가치를 인정받아 국보로 지정된 후 1995년에 유네스코 세계문화유산으로 등재되었다.

해인사 장경판전에 보관되어 있는 고려대장경판은 본래 강화도에서 만든 것으로 보관의 어려움 때문에 조선 초에 이곳 해인사로 옮겨왔다. 예로부터 풍수지리상 승지(勝地)로 손꼽히는 해인사가 대장경을 안전하게 보관하는 데 적합하다는 판단에 따른 것이다. 조선 초인 1397년에 대장경을 해인사로 옮겨온 후 15세기 말에 지금의 장경판전[장경각, 藏經閣]을 지어 지금까지 대장경판을 안전하게 보존해오고 있다.

법보사찰, 해인사

고려대장경판을 보관하고 있는 해인사는 불보(佛寶) 사찰인 통도사, 승보(僧寶) 사찰인 송광사와 더불어 한국의 3대 사찰 중 하나이다. 가야산 주봉인 상왕봉(1,430m)을 비롯 여러 고산 준봉에 겹겹이 둘러싸여 있는 해인사는 자연경관이 매우 수려하다. 해인사는 창건된 이후 수 차례의 복구와 확장이 있었으나 깊은 산속에 위치하여 전란 중에도 큰 피해를 입지 않았다. 해인사는 신라 때 화엄종을 선양한다는 기치 아래 창건된 화엄십찰(華嚴十刹) 중 하나로, 지금도 해인사는 선원(禪院)·강원(講院)·율원(律院) 등을 두루 갖춘 총림 사찰로서 한국불교의 큰 맥을 형성하고 있다. 해인사를 비롯한 화엄계 사찰들은 대개 돌로 석단(石壇)을 쌓아 영역을 구분하고, 지형과 진입 축선을 고려하여 전각을 배치한 특징을 보인다. 해인사 가람배치에서 가장 주목되는 것은 주불전인 대적광전 뒤쪽 높은 구릉에 고려대장경판(일명 팔만대장경판)을 모신 장경판전이 자리를 잡고 있다는 점이다.

해인사의 독특한 가람 배치 및 장경판전

해인사 장경판전에 이르는 동선 및 주변 전각의 배치를 살펴보자. 절 입구의 지어 놓은 일심(一心)으로 진리의 세계로 나아 가라는 것을 뜻하는 일주문을 지나 북으로 난 산길을 오르면 봉황문이 나온다. 봉황문(즉 천왕문)은 불법을 옹호하고 도량을 수호하는 사천왕상을 모신 문으로, 정면에 '해인

187

총림(海印叢林)'이라고 쓴 큰 현판이 걸려있다. 산길을 더 오르면 해탈문이 나온다. 세간과 출세간, 선과 악 등 모든 대립하는 것을 초탈하자는 의미를 지닌 문으로, 정면에는 '해동원종대가람(海東圓宗大伽藍)'이라고 쓴 큰 현판이 걸려있다. 해탈문을 지나면 곧 구광루 앞마당에 이른다. 절의 한가운데 위치하는 구광루는 대중들이 예불하고 설법을 듣는 누각으로, 마당 좌우에는 소박한 범종각과 근래에 지은 불교회관인 보경당이 마주보며 배치되어 있다.

구광루를 돌아들면 넓고 반듯하게 생긴 대적광전 마당이 나온다. 마당 좌우에는 강원(講院)의 교사(校舍)로 쓰고 있는 관음전과 궁현당이 마주 보고 있으며 정면의 높은 석단 위에 비로자나불을 모신 주불전인 대적광전이 앉아 있다. 대적광전에서 고려대장경판을 모신 장경판전으로 들어가려면 건물 뒤쪽 중앙에 있는 높은 돌계단과 보안문을 거쳐야 한다. 돌계단 상부에 지어 놓은 보안문에는 '팔만대장경'이라고 쓴 현판이 걸려있고, 이 문을 통과해야 비로소 웅장한 규모의 장경판전 영역으로 진입할 수 있다. 대적광전 뒤쪽 높은 구릉에 장경판전을 지은 것은 '대적광전에 계신 비로자나불이 부처님 말씀인 대장경을 머리에 이고 있는 모습'을 상징적으로 나타내기 위한 것이다. 보안문 바로 앞에 남서향하고 있는 장경판전의 고즈넉한 분위기는 보는 사람들의 호흡을 멎게 하고, 담 앞에서 내려다 보는 대적광전과 해인사 전경이 마치 그림 같다.

| 마당을 가운데 두고 튼口자형으로 배치된 장경판전 일곽의 모습(문화재청)

장경판전의 건축 연혁 및 튼口자형 건물 배치

　고려대장경판을 보관하고 있는 해인사 장경판전을 처음
지은 연대는 분명하지 않다. 대장경판을 강화도에서 해인사
로 옮긴 해는 1397년이나 대장경판을 해인사로 운반해 왔
을 때 어디에 보관했는지 구체적으로 알려져 있지 않다. 기
존 건물을 이용하여 보관했을 가능성이 크며, 지금의 장경
판전은 늦어도 조선 초인 14세기 말에 처음 지었을 것으로
보인다. 1457년(세조 3)에 와서 고려대장경판을 모신 장경
판전을 다시 크게 지었다고 한다. 그 후 1481년에 다시 조
선 왕실의 지원을 받아 장경판전의 건축공사에 착수하여
1488년(성종 19)에 공사를 마쳤다. 1964년에 수리할때 발

189

견된 상량문에 의해 4동의 장경판전 건물 중 남측 건물인 수다라장전은 조선 중기인 1622년(광해군 14)에, 북측의 법보전은 1624년에 다시 수리했다는 것을 알게되었다. 따라서 지금의 장경판전은 15세기 말에 처음 지은 후 여러 차례의 보수를 거쳐 오늘에 이른 목조건축으로, 500여 년이 넘는 오랜 기간 동안 대장경판을 안전하게 보관해온 건물이라는데 큰 가치가 있다. 부처님의 말씀을 새긴 고려대장경판을 모신 장경판전을 특별히 대적광전 뒤쪽의 높은 구릉[上壇]에 배치한 것은 대장경판이 가진 불교 경전으로써 높은 위상을 고려한 것으로 보인다. 장경판전은 수다라장전과 법보전, 동사간판전, 서사간판전 등 모두 네 채의 한식 목조건축으로 구성되어 있다. 장경판전이 위치하는 터의 규모는

51×90m 정도이며, 거기에 높이 6미터 정도의 높은 축대를 쌓고 장경판전을 지었다. 장경판전의 전체 건물 배치는 반듯

| 수다라장전 내부 판가와 대장경판(문화재청)

한 '튼口자형'으로 남쪽(앞)과 북쪽(뒤)에 각각 규모가 큰 수다라장전과 법보전을 이(二)자 모양으로 두 줄로 나란하게 짓고, 두 건물에 의해 형성된 마당(중정) 양쪽 끝에 각각 규모가 작은 동사간판고와 서사간판고를 마주 보게 지어 마당을 폐쇄했다. 네 채의 건물 주위에 거칠게 다듬은 돌로 깊은 배수로를 만들어 많은 비가 내려도 빗물이 잘 배출되도록 했다.

장경판전의 구조 및 건축 양식

해인사 장경판전은 고려대장경판을 보관하기 위해 특별히 지은 건물로, 남쪽(앞)의 수다라장전과 북쪽(뒤)의 법보전은 모두 정면 15칸, 측면 2칸 규모의 큰 건물이다. 두 건물의 정면 칸수인 15칸은 국내에 남아 있는 최대 규모의 목조건축인 여수 진남관(국보)과 같다. 마당 좌우 끝에 위치하는 동사간판고와 서사간판고는 정면 2칸, 측면 1칸(전체 2칸) 규모의 맞배지붕을 한 목조건축으로 지방 관청과 사찰에서 만든 각종 경판을 보관하고 있다. 장경판전을 이루는 네 건물은 모두 15세기 말에 지은 익공식(翼工式) 건물로, 건축양식과 세부 수법이 매우 유사하다.

먼저 수다라장전과 법보전의 건축양식을 살펴보자. 두 건물의 구조부를 지지하는 기단(基壇)은 외벌대 또는 두벌대 정도로 건물 규모에 비해 그 높이가 낮다. 다듬은 돌로로 조성한 기단 위에 방형(方形) 초석을 놓고, 배흘림이 있는 둥근 기둥을 세웠으며, 기둥머리에는 초익공 형식의 소박한 공포를 짜 올려 무거운 지붕의 무게를 받치도록 했다. 앞면의 기

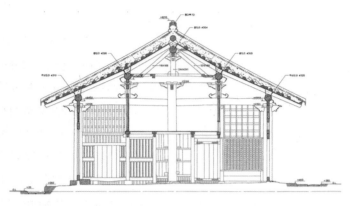

| 장경판전 중 수다라장전 종단면도(해인사 장경판전실측조사보고서)

둥머리에 대들보 방향으로 새의 부리 모양으로 끝을 뾰족하게 깍은 익공 쇠서를 하나 끼우고, 그 위에 주두(柱頭)를 놓고 대들보를 주심도리와 십자(十字) 모양으로 짜 맞추었다. 법보전도 수다라장전과 같은 초익공식이나 익공 쇠서의 모양이 다르다. 즉 새 부리 모양의 뾰족한 익공 쇠서 대신 끝을 둥글게 처리한 물익공(勿翼工, 몰익공)을 사용한 점이 다르다. 수다라장전과 법보전의 경우 앞면에는 익공을 사용하

수다라장전의 초익공   법보전의 물익공

| 장경판전 주요 건물의 건축양식(해인사 장경판전실측조사보고서)

고, 뒷면에서는 익공 쇠서 없이 기둥머리에 간단한 보아지를 끼워 기둥과 대들보를 짜 맞추었다. 두 건물 내부에 사용된 익공은 헛첨차 형식의 변형이다. 그리고 두 건물의 기둥머리에 놓인 주두는 굽을 직선으로 비스듬히 자른 형태로 다포계 공포의 주두와 같은 모양이다. 서까래를 받는 주심도리는 대들보 위에 직접 놓여 있다.

해인사 장경판전은 대장경판을 보관하는 기능을 충분히 발휘할 수 있도록 지을때부터 장식적인 요소는 최대한 배제했다. 익공식 건물은 익공의 수를 늘이는 방식으로 건물 외관을 화려하게 구성하는데, 장경판전은 이같은 보편적인 경향을 따르지 않았다. 수다라장전과 법보전을 지은 목수는 하나의 익공만 사용하는 초익공 형식을 채택하여 장식적인 요소를 가급적 배제하고, 익공 수의 증가에 따른 구조 결함도 크게 줄이고자 했다.

수다라장전과 법보전은 정면 칸수가 15칸인 장대형 건물로, 목수는 넓은 내부 공간을 안전하게 형성하기 위해 지붕의 무게가 직접 기둥으로 전달되는 간결한 구조형식을 채택했다. 건물의 상부구조는 5량가로, 기둥머리에 대들보를 걸고 그 위에 다시 종보를 올려 무거운 지붕의 무게를 지탱하게 했다. 수다라장전과 법보전은 목구조의 세부 구성에서 약간의 차이를 보인다. 수다라장전의 경우 내부 중앙의 고주(高柱)가 종보 바로 아래까지 뻗어 종보 위에 세운 동자 대공을 직접 받치고 있다. 또한 종보 상부의 동자 대공과 그 상부의 종도리에 가해지는 횡력(橫力)에 잘 대응할 수 있게

대공 좌우에 고식(古式)의 솟을합장을 사용했다. 그리고 동자 대공을 지지하는 종보는 대들보 좌우에

| 수다라장전의 종보와 대공, 솟을합장(해인사 장경판전실측조사보고서)

올려놓은 동자주형 받침을 타고 앉아 있다. 종보를 받는 동자주형 받침의 경우 상부에 익공과 행공첨차를 십자(十字)로 결구하고, 하부에 고식(古式)의 복화반 받침을 사용하여 아름답게 짜 맞추었다. 법보전에는 내부의 고주를 비롯한 동자 대공의 헛첨차, 복화반 받침 등에 고식의 부재가 쓰이지 않았다. 이는 후대 수리하면서 고식 부재들을 조선 중후기에 널리 쓰인 고주창방, 대공창방, 뜬창방으로 바꾸었기 때문이다.

정경판전의 부속건물인 동사간판전과 서사간판전도 익공식 건물로, 배흘림이 있는 예스러운 원주를 세워 상부

| 서사간판전 정면(문화재청)

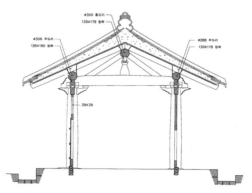

| 장경판전 내 동사간판전 종단면도(해인사 장경판전실측조사
보고서)

구조를 지지하도록 했다. 기둥 위의 공포는 초익공식으로,
외부의 익공은 끝이 짧고 뾰족한 쇠서 모양이나 건물 내부
에 사용된 익공은 헛첨차형이다. 이는 수다라장전과 법보전
의 상부구조에 사용된 동자주 익공과 같은 모양이다. 동서
사간판전의 상부구조는 간략한 3량가이며, 대들보 위에 예
스러운 사다리꼴 대공과 솟을합장을 사용하여 횡력에 잘 대
응할 수 있도록 했다. 동서 사간판전의 상부구조에 보이는
특징은 다음과 같다. 외부에 노출된 익공은 새 부리 모양이
고, 소로는 사용하지 않았다. 내부 익공에 헛첨차와 소로를
사용하여 대들보를 직접 받치도록 했다. 동서 사간판전의
주두는 수다라장전, 법보전에 사용된 것과 같은 모양이다.
대들보 머리는 수평으로 뻗어 주두 위에 놓여 있고, 주심도
리는 대들보를 타고 앉아 지붕의 하중을 받고 있다.

장경판전의 과학적인 온습도 조절 방식

여름과 겨울에 장경판전 실내외 온도 차를 조사한 결과를 살펴보자. 실내(여름 평균 19.46℃, 겨울 평균 3.17℃)와 실외(여름 평균 20.40℃, 겨울 평균 2.41℃)의 온도 차는 1℃ 내외로 나타났다. 여름에는 장경판전 내부의 온도가 실외보다 낮았고, 겨울에는 실외 온도가 장경판전 내부보다 낮았다. 그리고 장경판전 내외의 습도는 실내(여름 평균 88.90%, 겨울 평균 75.95%)와 실외(여름 평균 89.90%, 겨울 평균 75.95%)의 차이가 크지 않았으나 전체적으로 목재 보존 기준보다는 다소 높은 것으로 나타났다. 위에서 살펴본바와 같이 장경판전의 실내외 온습도 차는 크지 않았으나 습도의 경우 목재 보존 기준보다 높게 나타났다. 장경판전 내부에서 높은 습도가 지속될 경우 목재로 만든 대장경판은 부식될 수 있다. 장경판전 안에 보관되어 있는 대장경판이 썩지 않는 것은 건물 외벽에 시설한 크고 작은 살창을 통해 고온다습한 실내 공기를 신속히 밖으로 배출했기 때문이다.

수다라장전 앞벽에 있는 살창은 아래

| 수다라장전 정면의 상하 크기가 다른 살창(문화재청)

창이 위의 창보다 세배 정도 크고, 뒷벽의 살창 구성은 앞
벽과 반대로 되어있다. 또한 장경판전 일곽에서 북쪽에 위
치하는 법보전의 창 구성은 남측 수다라장전과 반대로 되어
있다. 이처럼 중방 상하에 만들어 놓은 살창의 크기를 조절
하는 방법으로 장경판전을 구성하는 각 건물에서 통풍과 환
기가 원활하게 이루어지도록 했다. 상하 살창의 크기를 다
르게 만든 것은 낮에 골짜기에서 산등성이로 부는 골바람과
밤에 산등성이에서 골짜기로 부는 산바람을 이용하여 장경
판전 내부의 고온다습한 공기를 신속하게 배출시키기 위한
것으로 당대 건축기술의 높은 수준을 잘 보여준다. 즉 무더
운 여름 한낮 산 아래에서 부는 골바람은 수다라장전의 앞
벽에 만들어 놓은 큰 살창을 통해 들어와 내부의 고온다습
한 공기를 모아 뒷벽의 작은 살창을 통해 빠른 속도로 빠져
나갔다. 창의 위치와 크기 차이를 통해 통풍, 환기량을 조절
하는 매우 과학적인 자연 환기법이라 하겠다. 건축 기술이
크게 발달한 오늘날에도 구현하기 어려운 자연환기법은 15
세기 말의 높은 건축 기술 수준과 선조들의 과학적인 태도를
잘 보여준다.

또한 장경판전에서는 창의 크기와 위치를 조절하여 통풍
과 환기의 질을 대폭 향상시킨 것은 물론 내부 흙바닥에 숯
과 횟가루, 소금을 모래와 함께 차례로 다져 넣는 방법으로
도 내부 습도를 조절했다. 자연조건을 십분 이용하여 장경
판전을 과학적으로 설계한 것이 대장경판을 지금까지 잘 보
존할 수 있게 했다. 장경판전의 가장 큰 특징은 대장경을 보

관하는 데에 절대적인 요건인 습도와 통풍이 자연적인 방법으로 조절되게 지어졌다는 점이다.

독창적 건축 문화유산, 해인사 장경판전

해인사 장경판전은 주불전인 대적광전 뒤쪽 높은 구릉에 고려대장경판을 보관하기 위해 지은 독특한 형식의 조선초기의 목조건축으로, 지금까지도 건축 당시의 원형이 잘 남아 있어 역사적, 학술적 가치가 매우 높다. 장경판전에 보존되어 있는 팔만여장의 고려대장경판 자체도 인류의 중요한 기록유산이지만 네 동의 건물로 구성된 장경판전 또한 매우 아름답고 건축사적으로 가치가 높은 인류의 문화유산이다. 간결하고, 소박한 장경판전은 대표적인 조선 초기 익공식 건축의 외관과 구조적 특징을 잘 보여 준다. 해인사 장경판전은 내부에 보관하고 있는 세계 불교사에서 독보적인 지위를 갖고 있는 고려대장경판과 연관해 이해해야 하며, 건축적·과학적 측면에서 목판의 항구적 보존을 위해 15세기에 고안된 독창적이고도 과학적인 건축 문화유산이라 할 수 있다.

〈참고문헌〉

해인사·문화재청, 『해인사 장경판전 실측조사보고서』, 세종문화사, 2002.

장일규, 「조선 대기과학 연구의 상징, 합천 해인사 장경판전」, 월간 문화재사랑 인터넷판(2019.2.1)

『유네스코와 유산』(https://heritage.unesco.or.kr/)

『해인사 장경판전』, 문화재청 검색(https://www.cha.go.kr/
    main.html)

『법보종찰 가야산 해인사』(https://www.haeinsa.or.kr)

2) 대장경, 그 의미 _ 신은제

경상남도 합천 해인사는 팔만대장경판이 봉안되어 있다. 팔만대장경판은 불교 경전을 새긴 목판이다. 대장경은 우주의 진리를 설파한 경(經), 윤리적 규범을 밝힌 율(律), 경전의 난해한 부분을 해석한 론(論) 삼장(三藏)과 각종 경전의 주석서와 고승전 같은 불교 전적을 포함한 불교 전적의 총체를 의미한다.

전란 속에서 보존된 팔만대장경

13세기에 완성된 팔만대장경이 거의 손상되지 않고 현재까지 보존되고 있다. 이는 한국의 문화유산의 보존 양상을 고려하면 매우 이례적이다. 한국의 문화유산 가운데 돌이나 쇠가 아닌 목재 문화재가 오늘날까지 보존된 사례는 많지 않다. 화재로 인한 피해도 있지만 우리나라가 겪은 수많은 전쟁은 목조 문화재가 보존되기 어려운 환경을 만들었다. 한국의 문화유산은 크게 3번의 전쟁으로 해를 입는다. 고려시대 몽골이 침입으로 경주 황룡사 9층 목탑과 대구 부인사 초조대장경판은 전쟁의 참화를 피하지 못하고 소실되었다. 합천 해인사는 한반도 남부 내륙 깊숙한 곳이라 몽골의 침략을 피할 수 있었고, 고려 왕실에서도 외침에 비교적 안전한 곳으로 인정되어 고려왕실의 귀중한 기록인 왕조실록을 보관하기도 했다.

| 합천 해인사 전경

    1592년 임진왜란의 발발로 경상남도와 전라도의 많은 사찰이 소실되었다. 범어사와 통도사를 비롯해 한반도 남부의 큰 사찰들은 전란으로 전소되는 피해를 당했다. 합천 해인사는 의령과 고령을 지키던 의병들의 활약으로 왜병들이 이르지 못하였다. 하지만 17세기 이래 해인사를 수차례 화재로 본사의 전각들이 거의 소실되었다. 해인사는 숙종 21년(1695)부터 고종 8년(1871)까지 7차례의 큰 화재로 많은 건물이 불타고 다시 지어졌다. 특히 1817년 화재로 대적광전을 비롯한 수천여가(數千餘架)가 소실되었다. 7차례의 화재로 해인사 대부분의 전각이 불타버렸지만, 팔만대장경판이 봉안된 장경판전만은 화마를 피했다. 그렇다고 모든 위기가 끝난 것은 아니었다.

    간신히 임진왜란의 참화를 피한 사찰들도 6.25라는 위기를 넘지 못했다. 송광사와 월정사는 거의 전소되었는데, 해인사 역시 위기를 쉽게 넘기기 어려웠다. 가야산 인근의 빨

치산 소탕을 위해 해인사에 대한 폭격 명령이 떨어졌지만 공군 조종사였던 김영환 대위는 끝내 해인사를 폭격하지 않았다. 천년 고찰을 폭격할 수 없다는 그의 신념이 아니었다면 팔만대장경도, 해인사도 오늘날까지 전해지지 못했을 것이다.

조선 후기 화마와 6.25 참화를 견딘 해인사 장경판전에는 팔만대장경판이 봉안되어 있다. 장경판전은 1490년 대대적인 중수를 통해 지금의 모습을 갖추었다. 장경판전은 내부의 온습도가 잘 조절되어 지금까지 99%에 달하는 경판이 본래 모습대로 온전히 잘 보전되고 있다. '팔만대장경판'은 경판 조성의 역사성과 기록유산으로서의 가치가 인정되어 1962년 국보 32호로, 2007년에는 세계기록유산으로 각각 지정되었다.

팔만대장경판 제작 배경과 판각 과정

최초 부처의 말씀은 문자로 기록되지 않았는데, 부처가 열반에 든 이후 제자들이 모여 불교 경전을 정리하였고, 이 경전들이 실크로드를 거쳐 중국으로 들어왔다. 초기 경전의 대부분은 서역에서 온 승려에 의해 한문으로 번역되다가 당나라 이후 현장에 의해 다시 대대적으로 한역되었다. 번역된 경전의 목록은 730년 당나라 승려 지승(智昇)에 의해『개원석교록(開元釋敎錄)』이라는 이름으로 정리되었는데, 후대 불교경전의 기준이 되었다.

목록화된 불교 경전과 인쇄술의 발전은 마침내 대장경판

의 판각으로 이어졌다. 송나라 태조는 971년(개보 4년) 대
장경판의 판각을 지시하였고, 983년(태종 태평흥국 8년)에 경
판이 완성되었다. 이때 제작된 경판을 '북송관판대장경(北
宋官版大藏經)' 혹은 '개보칙판인성대장경(開寶勅版印成大藏經)'
이라 부른다. 또 개보 연간에 제작되었다고 하여 '개보장(開
寶藏)'으로도 약칭한다. '개보장' 이후에도 중국에서는 남송
을 거쳐 원, 명, 청대까지 대장경의 판각은 지속되었다. 불
교가 융성하면서 거란의 요나라도 대장경을 판각하였다.
거란장(契丹藏) 혹은 요장(遼藏)이라 불린 대장경판의 제작은
1031~1054년까지 23년이라는 세월이 걸렸다.

그런데 거란보다 앞서 대장경판을 조성한 국가는 고려였
다. 고려 현종대 거란의 2차 침입으로 전 국토가 피해를 입
자, 현종은 불력으로 거란을 물리치기 위해 대장경판의 조
성을 지시했다. 이때 대장경판은 북송의 '개보장'을 모범으
로 1차 제작되었고, 이후 '거란장'이 유입되자 두 대장경판
을 비교 대조하여 누락된 부분과 오류를 교정하여 문종과
선종대 보충하였다. 그 결과 1087년(선종 4년)에 마침내 '초
조대장경'이 완성되었다. '초조대장경'의 보완이 한참 이루
어질 무렵 대각국사 의천은 송나라로 가서 각종 불교 경전
의 주석서를 수집하여 고려로 가지고 와 경판을 제작하였
다. 속장경 혹은 교장(敎藏)으로 알려진 이 경판의 제작을 위
해 의천은 흥왕사에 교장도감(敎藏都監)을 두고, 금산사 광교
원에서 각각 판각하였다.

제작된 대장경판은 대구 부인사에 봉안되어 있었으나

1232년 몽골의 침략으로 소실되었다. 초조대장경판이 소실되자 고려는 다시 부처님의 힘으로 몽골을 물리치기 위해 대장경판의 조성을 추진하였고, 1237~1251년까지 16년 만에 완성되었다. 강화도로 천도해 있던 고려 조정은 대장도감(大藏都監)과 분사대장도감(分司大藏都監)이라는 관부에서 경판 제작을 담당하였다. 대장도감은 재상들의 회의기구인 재추(宰樞)회의를 통해 1236년 전후 설치되었다. 분사대장도감은 지방에 설치된 것으로 이해되는데, 그 위치에 대해서는 연구자들 사이에 견해차가 있다.『고려사』정안 열전에 의하면 정안은 "불교를 좋아하여 명산에 있는 이름난 사원을 두루 찾아다녔으며, 국가와 절반씩 분담하는 조건으로 사재를 내어 대장경을 간행하기도 했다." 따라서 팔만대장경판의 상당수는 정안 주도로 개판되었을 가능성이 크다.

『고려국 신조교정별록』권1장(불교문화유산아카이브)

대장경판을 조성하기 위해서는 한편으로 경판의 내용을 정리 확정해야 하고, 다른 한편으로 판재를 준비해야 했다. 대장경판의 내용을 꼼꼼히 정리하고, 내용을 수정 교감한

이는 개태사(開泰寺) 오교도승통(五教都僧統) 수기대사(守其大師)로 알려져 있다. 현재 팔만대장경판에는 『고려국 신조대장교정별록(高麗國新雕大藏校正別錄)』이라는 책이 포함되어 있는데, 수기대사가 여러 대장경을 비교 대조하여 교감한 내용을 수록하고 있다.

판각에 필요한 목재의 재질은 주로 산벚나무·돌배나무·거제수나무·층층나무·고로쇠나무·후박나무 등이 사용된 것으로 알려져 있으나 공식적인 수종 분석이 정리된 것은 아니다. 판각용 목판은 잘 건조한 뒤 교감을 통해 작성된 경전을 뒤집어 목재에 붙인 다음 각수(刻手)가 판각하였다. 판각용 판재를 충분히 건조한 뒤, 교감을 통해 작성된 판하본을 판재에 붙이고 글자를 새긴다. 경판의 판각은 각수가 담당하였는데, 판각에 동원된 각수는 최소 1,800여 명으로 추산되고 있다. 각수의 판각으로 경판이 완성된 것은 아니었다. 판각된 내용을 다시 교정하여 누락된 글자나 잘못 판각된 내용은 별도의 수정작업을 거치기도 했다. 수정작업은 잘못된 글자 부분을 파내고 교정된 글자를 다시 새겨 넣는 방식을 택했는데, 연구자들은 이를 '매목(埋木)' 혹은 '상감'이라 하였다. 이러한 수정을 거쳐 완성된 경판은 수납과 관리를 위해 경판 양옆에 마구리라고 하는 두꺼운 목재를 끼워 넣었다. 마구리와 경판의 안정적 결부를 위해 마구리에는 구리로 만든 장석에 쇠못을 박아 고정해 두었다. 이렇게 조성된 팔만대장경판은 현재 81,258판(문화재청)에 달하고, 경전의 종류는 1,514종이며, 권수로는 6,802권에 달한다.

팔만대장경판의 형태와 구성

팔만대장경판은 마구리 포함 대략 가로 65~75㎝, 세로 23~25㎝, 두께 2.8~3.0㎝ 규격으로 제작되었고, 무게는 3.5㎏ 가량된다. 경판은 주로 양면으로 판각되었고, 때때로 한면만 판각된 것도 있다. 경판의 판면에는 가로 48~50㎝, 세로 22cm 내외의 사각형의 광곽이 있고, 광곽의 내부에 23개의 행이 있으며, 각 행에는 14자가 새겨져 있다. 일부 경전의 경우 행과 글자수에 차이가 있으나 절대 다수의 경판은 23행 14자 형태를 취하는데, 이는 초조대장경을 이은 것으로 이해되고 있다.

방광바라밀다경 권1 1장, 30장

| 『방광바라밀다경』 권수와 권미

각 권의 서두에는 경전명과 번역자의 이름과 대장경을 분류하기 위해 만든 함(函)의 이름이 기재되어 있다. 각 권의 말에도 경전명이 새겨져 있고, 이어 판각한 연도를 확인할 수 있는 간기가 있는데, 예를 들어 『대반야바라밀다경』권의 말미에는 "정유년 고려국의 대장도감이 칙명을 받들어 조각해 만들다[丁酉歲高麗國大藏都監奉勅雕造]."라고 새겨져 있다.

각 경판에는 경명과 장차가 있는데, 이를 판제(板題)라고 한다. 판제는 2가지 형태로 나타난다. 경판의 머리 부분에 오는 것을 '판수제(板首題)'라 하고, 경판의 말미에 오는 것을 '판미제(板尾題)'라고 한다. 또 각 경판에는 경판을 판각한 각수의 이름이 양각 혹은 음각으로 새겨져 있다. 각수의 이름은 경판 판각에 참여한 사람들의 면면을 알 수 있다는 점에서 중요하다.

해인사 팔만대장경판은 현재 장경판전에 봉안되어 있는데, 그 배열은 제작 당시 부여된 함차(函次)에 따르고 있다. 팔만대장경판은 천자문의 순서에 따라 부여된 함차로 분류되어 있다. 함의 명칭은 대장경판의 판각을 주도한 수기대사가 작업한 『대장목록』 3권에 일목요연하게 잘 정리되어 있다. 그런데 1865년 해인사 승려 해명 장웅(壯雄)은 대장경판의 인경을 추진하면서 해인사에 소장되어 있는 전체 경판들을 새롭게 정리하면서 『대장목록』에 수록되지 않은 경판들을 대장경의 목록에 포함시켜 천자문의 함차를 부여하였다. 해명 장웅은 이때 포함된 경전들의 목록을 정리해 『보유목록』 1권을 만들어 두었다.

함명	특징
천(天, 1함)~영(英, 480함)	'개보장'과 '초조대장경'의 경전들이 포함
두(杜, 481함)~곡(穀, 510함)	송나라에서 새로 번역된 불교 경론들이 포함
진(振, 511함)~치(侈, 515함)	후진(後晉) 가홍(可洪)이 편찬한 『신집장음의수함록(新集藏音義隨函錄)』이 수록
부(富, 516함)~경(輕, 520함)	송 태종이 찬술한 어제(御製) 등이 수록
책(策, 521함)~정(丁, 560함)	『개원석교록』 이후 한역된 불교 경전들이 수록
교(佼, 561함)~밀(密, 563함)	『고려국신조대장교정별록』 30권이 수록
물(勿, 564함)~식(寔, 567함)	『대반열반경』 36권이 수록
영(寧, 568함)~초(楚, 570함)	『불명경(佛名經)』 30권이 수록
경(更, 571함)	『대장목록』 3권이 수록
패(覇, 572함)~하(何, 585함)	『법원주림』 100권이 수록
준(遵, 586한)~색(塞, 628함)	북송 '개보장' 이후 송나라 시호(施護)와 법천(法天) 등이 새로 한역한 불교 경전들이 포함
계(鷄 629함)	『속일체경음의(續一切經音義)』 10권이 수록
전(田, 630함)~동(洞, 639함)	『일체경음의』 수록
정(庭, 640함)~무(務, 653함)	해명 장웅이 새롭게 추가한 『보유목록』 경판, 『조당집』과 『선문염송집』 등의 경판이 포함

해인사와 팔만대장경

고려시대 제작된 팔만대장경은 언제부터 합천 해인사에 봉안되었을까? 통상 팔만대장경판은 제작 후 강화도 판당에 봉안되어 있다가 해인사로 옮겨졌다고 이해되고 있다. 다만 해인사로 이운(移運)된 시기에 대해서는 연구자들 사이에 견해차가 있다. 팔만대장경판의 이운에 대해서는 『태조실록』의 기록이 있다. 태조 7년(1398) 5월 병진일(10일)에 "용산강에 행차하였고, 대장경판을 강화의 선원사로부터 옮겼으며", 5월 무오일(12일)에 "대장(隊長)과 대부(隊副) 2천 명에게 명하여 대장경판을 지천사(支天寺)로 운반하게 하였다."
고 기록되어 있는데, 많은 연구자들은 이를 근거로 태조 7
년 5월에 강화도 선원사로부터 지천사로 옮겼고, 곧이어 해
인사로 이안되었다고 이해하고 있다.

그런데 최근 일본 오타니대학[大谷]에 소장되어 있던
1381년 팔만대장경 인경본이 소개되면서 1381년 이전에
대장경판 상당수가 해인사로 이운된 것으로 이해하는 견해
가 증가하고 있다. 1381년 오타니 인경본에는 고려말의 이
름난 유생인 목은 이색(李穡)이 쓴 발문이 남아 있어 이색이
이때 인경에 크게 관여하였음을 알 수 있다. 또 이색의 문
인 이숭인(李崇仁)이 지은 「여주신륵사대장각기(驪州神勒寺大藏
閣記)」에는 이색의 부친 이곡(李穀)이 사망하자 총공(聰公)이라
는 승려가 이색에게 이곡이 생전 어머니의 명목을 위해 대
장경 인경의 서원을 세운바 있다는 것을 상기하면서 이색에
게 인경을 권한 사실이 기록되어 있다. 마침 그즈음 나옹(懶
翁) 혜근이 입적하고, 혜근의 탑명을 지은 이색과 혜근의 제
자들이 가깝게 지내던 터라 이색은 혜공의 제자들에게 대장
경을 인출하여 여주 신륵사에 봉안하자고 권유하였고, 비로
소 대장경의 인경이 이루어졌다. 이렇게 시작된 대장경의
인경은 강화도가 아니라 해인사에서 이루어졌는데, 이는 이
색과 이숭인이 지은 시들에서 확인할 수 있다. 이색은 "대장
경을 인출하러 해인사로 떠나는 나옹의 제자를 보내면서[送
懶翁弟子印大藏海印寺]"(『목은시고(牧隱詩稿)』 권28)라는 시를, 이
숭인은 "수암 문 장로가 해인사에서 장경을 찍었다기에 우

스개 시를 지어 증정하다[睡菴文長老印藏經于海印寺戲呈]"라는 시를 지었다. 이런 사정을 고려하면 1381년 당시 대장경판의 대부분은 해인사에 봉안되어 있었음을 알 수 있다. 따라서 팔만대장경판의 해인사로의 이운은 고려말 이전에 이루어진 것으로 이해된다.

해인사에 봉안되어 있던 팔만대장경판은 조선초 일본으로 유출될 위기를 맞았다. 일본 사신들은 지속적으로 대장경 인경본을 요구하였고, 급기야는 팔만대장경판까지 요청하였다. 조선 정종(定宗) 때인 1399년(정종 1년) 7월 일본의 좌경대부(左京大夫) 육주목(六州牧)인 무로마치 막부의 유력한 다이묘[大名] 오오우치 요시히로[大內義弘]가 조선에 팔만대장경판을 요구하였다. 그때 조선 조정에서는 그들의 요구를 수용하였는데, 때마침 오오우치 요시히로가 그해 10월 무로마치[室町] 막부에 반란을 일으켰다가 실패하여 이 일은 흐지부지되었다.

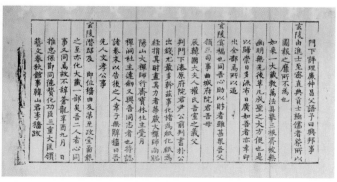

| 오타니대학 소장 인경본 이색의 발문

물론 일본의 팔만대장경판 요청이 이것으로 끝난 것은 아니었다. 세종대 일본은 다시 사신을 보내 팔만대장경판을 요구하였다. 조선 조정에서는 팔만대장경판은 조선에도 1본 밖에 없어 내려줄 수 없다고 답하고, 밀교대장경판으로 대신하였다. 일본의 요청을 거부한 세종은 해인사로 이운된 팔만대장경판을 본격적으로 정비한 것으로 판단된다. 계유정란으로 즉위한 세조는 대장경판을 인경하면서 새롭게 정비하였고, 성종대에는 현재의 장경판전을 완비하여 지금에 이르고 있다.

고려말 팔만대장경판은 왜 하필 해인사로 이운되었을까? 전국에는 명산대찰이 많았음에도 불구하고 팔만대장경판을 해인사로 이운하고, 여기서 관리한 이유가 있을 것이다. 기본적으로는 해인사가 한반도 남쪽 내륙 깊숙이 위치하여 외적이 쉽게 침입할 수 없는 안전한 곳이기에 봉안처로 택하였을 것이다. 그러나 내륙 깊숙한 곳이 해인사만은 아니다. 조선왕조실록을 보관한 태백산도 있기 때문이다. 팔만대장경의 해인사 봉안과 관련하여 최근 흥미로운 연구가 이루어졌다. 해인사에는 한국에서 가장 오래된 목판이 소장되어 있다. 수창(壽昌) 4년(1098, 고려 숙종 3년)에 제작된『대방광불화엄경』(진본) 45권 21장, 이른바 '수창판'이 그것이다. 요나라 연호 수창은 원래 수융(壽隆)인데, 고려 태조의 부친 왕융(王隆)과 글자가 같아 피휘하여 고려에서는 수창이라 했다.

현재 해인사에는 '수창판'으로 간주되는 몇몇 경판이 남아 있는데, 이들 경판에 대한 조사를 통해 팔만대장경 가운데『대방광불화엄경』은 해인사에서 수창 4년에 간행한 경판을 복각한 것임이 밝혀졌다. 수창판을 통해 해인사는 일찍부터 목판의 판각을 담당한 곳이었음을 알 수 있다. 실제 팔만대장경판이 판각될 즈음 해인사에서는 다양한 불교 경판이 판각되고 있었다. 따라서 팔만대장경판의 해인사 이운은 단순히 해인사의 위치만이 아니라 해인사가 고려시대 이래 불교 경판의 판각 장소였고, 경판의 보관과 관리에 능한 곳이었기 때문이었다. 실제 해인사로 봉안된 팔만대장경판은 때로 손상될 경우 지속적으로 관리되었는데, 관리는 주로 인경과 더불어 이루어졌다.

팔만대장경판의 인경과 관리

팔만대장경판은 그 자체로 법보이지만, 인쇄를 위해 만들어진 목판이기도 했다. 때문에 완성 이후 여러 차례 인경되었다. 팔만대장경의 인경은 인경을 했다는 기록만 남아 있는 경우도 있고, 인경본이 확인된 경우도 있다. 인경했다는 기록은 박전지(朴全之)가 지은 "영봉산 용암사 중창기(靈鳳山龍岩寺重創記)"에서 처음 확인된다. 천태종의 무애국통(無礙國統)은 1318년(충숙왕 5년) 왕명을 받아 강화판당으로 가서 대장경판을 인경하였다. 다만 이때 인경의 규모 등은 확인되지 않는다.

팔만대장경 인경의 보다 분명한 기록은 인경본이 현전하는 경우이다. 인경본 가운데 가장 이른 시기의 것은 쓰시마 콘고잉[金剛院]이 소장하고 있는『대반야바라밀다경』이다. 이

것은 대나무로 만든 종이와 닥나무로 만든 종이 2종류가 사용되었고, 인경본에 남아 있는 기록 역시 "변한국대부인인 정씨가 인출하며, 함께 발원한 이

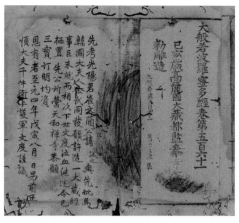

『판경동점(版經東漸)』 29쪽

는 계림군 김혼(金琿)이다."라는 묵서와 전정순대부천우위상호군 최문도(前正順大夫千牛衛上護軍崔文度)가 남긴 묵서 2종류이다. 따라서 이 인경본은 김혼이 활동한 시기인 1310~11년의 닥나무 종이 인경본과 최문도가 활동한 1334~38년 대나무 종이 인경본이 합쳐진 것으로 판단된다. 콘코닌 팔만대장경 인경본은 현재까지 인경 연도가 정확히 확인된 가장 오래된 것이다. 그러나 팔만대장경판의 일부인 『대반야바라밀다경』 600권만 남아 있어 전체 인경본으로 보기는 어렵다.

팔만대장경 전체 인경본 가운데 가장 오래된 것은 일본 오타니대학 소장본이다. 1381년 인경본으로 인경 후 여주 신륵사에 봉안되어 있다가 1414년(태종 14년) 일본 사신의 요구로 일본으로 보내졌는데, 메이지 유신 이후 히가시혼간지

[東本願寺]에서 구입하였다가 이후 히가시혼간지 소속 대학인 오타니대학 도서관으로 이관되었다. 조선이 건국된 이후에도 인경은 계속되었는데, 비록 인경본은 남아 있지 않지만 태조는 1393년(태조 2년) 팔만대장경판을 인경했다. 이때 태조는 발문을 직접 작성하였는데, 그 발문을 새긴 목판이 현재 해인사에 봉안되어 있다. 조선전기 가장 대규모의 인경은 1458년(세조 4)에 이루어졌다. 세조는 대장경 50질을 인경하여 널리 유포하였는데, 그 완질이 현재 일본 죠죠지[增上寺]에 봉안되어 있다. 최근 죠죠지는 이 인경본을 웹에 공개하여 열람이 가능하게 되었다. 1500년(연산군 6년)에도 3질이 인경되었다. 1500년 인경본은 현재 확인되지 않지만 해인사에는 학조(學祖)대사가 쓴 발문을 판각한 목판이 남아 있다.

16세기 성리학이 본격적으로 유포되면서 19세기까지 대장경 인경 기록은 전하지 않는다. 부분적인 인경은 있었겠지만 전체 인경은 이루어지지 않은 것으로 판단된다. 그러다 1865년 해명 장웅이 새로 2질을 인경하여 1질은 설악산 오세암에, 다른 1질은 오대산 월정사에 각각 봉안하였다. 현재 월정사본은 불교문화유산아카이브에서 사진으로 확인할 수 있다. 오세암본의 일부는 통도사 성보박물관에서 소장하고 있다. 1500년 이후 인경되지 않았던 것이 이때 새롭게 인경되면서 부분적인 보수와 정비가 이루어졌으며, 이 과정에서 해명 장웅은 『보유목록』을 작성하여 팔만대장경판의 범위를 새롭게 정하였다.

팔만대장경판은 1899년 다시 4질이 인경되는데, 대한제국 황실은 이것을 3보 사찰에 각각 1질씩 봉안하고, 나머지는 전국의 사찰에 나누어 주었다. 현재 해인사와 통도사에는 1899년 인경본이 거의 완질로 전하고 있다. 송광사에 봉안된 대장경은 6.25전쟁 당시 송광사가 소실되면서 함께 사라진 것으로 판단된다. 1899년 4질을 인경하면서 팔만대장경판은 대대적으로 정비되었다. 경판이 오래되어 손상된 것은 새롭게 제작하고, 수리하여 쓸 수 있는 것은 새로 수리하였다.

팔만대장경판은 일제강점기에도 2차례 인경되었었다. 조선의 초대 총독 테라우치 마사타케[寺正內毅]는 1915년 메이지 천황의 명복을 빌기 위해 대장경 3질을 인경하였다. 1질은 일본 교토[京都]의 센뉴지[泉湧寺]에, 1질은 경성제국대학교에, 1질은 경복궁에 각각 봉안하였는데, 경성제국대학에 소장된 본이 현재 서울대학교 규장각에 남아 있다. 한편 1937년에도 대장경 2질이 인경되었는데, 이는 당시 만주국 황제 푸이[賻儀]의 요청에 의한 것이었다. 1질은 영변 보현사(普賢寺)에, 1질은 푸이가 소장하였다고 하나 현재는 그 소재를 확인할 수는 없다. 해방 이후에도 팔만대장경은 인경되었는데, 주관 부서였던 문화공보부의 허락을 받아 해인사에서 1963~8년까지 13질을 인경하였다. 13부는 동아대학교, 동국대학교 등 각 대학에 소장되었고, 일본(4질), 미국, 영국, 호주, 대만(각 1질)으로 각각 보내졌다.

팔만대장경판은 조성이래 수차례 인경되어 사찰에 봉안되었다. 하지만 현재 국내에 남아 있는 것은 1865년 인경본이 가장 오래된 것이다. 세조 4년 인경본의 일부가 최근 확인되고 있지만, 소수에 불과하다. 19세기 이후 인경본만 한국에 소장된 이유는 여러 가지이다. 조선초 왜구들의 줄기찬 요구로 상당수 인경본이 일본으로 유출된 경우도 있고, 임진왜란과 6.25와 같은 전란으로 사찰들이 소실되면서 사라진 경우도 있을 것이다.

오타니 인경본(직접촬영)

해인사 세조본(불교문화유산아카이브)

| 『대반야바라밀다경』 7권 4장

팔만대장경판의 인경은 경판의 관리 차원에서도 중요했다. 대규모의 경판은 판전에 봉안되면 쉽게 꺼내 보기 어려웠다. 경판의 전체적인 인경이 이루어질 경우 경판의 상태를 확인하고, 인경이 불가능한 것, 수리가 필요한 것, 인경할 수 있는 것이 확인되었다. 때문에 인경은 팔만대장경판 관리의 또 하나의 방법이었다. 1458년 인경하면서 몇몇 경판은 새로 판각되거나 보수가 이루어졌다. 예를 들어 『대반야바라밀다경』7권 4장의 경우 1381년 오타니본과 1458년 세조 인경본이 서로 다른데, 이를 통해 7권 4장이 1458년 이전에 새로 판각되어 보충되었음을 알 수 있다. 실제 해인사에는 7권 4장에 해당하는 경판이 2개 남아 있다. 하나는 조성 당시의 경판이고, 다른 하나는 1458년 이전에 새로 조성된 것이다. 따라서 인경 과정에서 인경이 불가능한 경판은 새로 판각되었음을 알 수 있다.

한편 수리되는 경우도 많았는데 수리가 가장 활발하게 이루어진 것은 1899년 인경에서였다. 1865년 인경본과 1899년 인경본을 대조해 보면 수리의 흔적을 잘 확인할 수 있다. 『대반야바라밀다경』109권 16장은 현재 경판의 하부 일부가 수리되어 있다. 그런데 1865년 인경본을 보면 경판에는 이상이 없다가 1899년 인경본에는 수리된 부분이 인경되어 있다. 이를 통해 인경 과정에서 경판에 대한 수리가 이루어졌음을 확인할 수 있다.

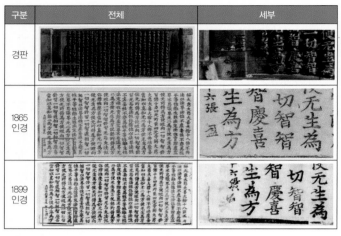

구분	전체	세부
경판		
1865 인경		
1899 인경		

| 『대반야바라밀다경』 109권 16장 경판, 인경본 사진

한국 기록유산의 백미, 팔만대장경판

인간은 과거를 기억하기 위해 기록한다. 부처가 깨달음을 얻은 이후 부처님의 말씀은 기억을 통해 전승되어 왔기 때문에 고대 승려들의 주요한 덕목은 암기력이었다. 저명한 승려들은 모두 기억하고 잊지 않는 것을 덕목으로 삼았다. 그러나 모든 것이 기억될 수는 없었다. 때문에 인간은 문자로 기록하였고, 그렇게 불교 경전은 탄생하였다. 경전으로 완성된 기록은 그 자체로 신성한 권위를 가졌고, 곧 법보로 간주되어 예배의 대상이 되었다. 때문에 동아시아 각국에서는 대장경판을 조성하였던 것이다. 그렇게 조성된 대장경판 가운데 현재까지 전하는 한역 대장경판은 해인사 팔만대장경판이 유일하다. 그 수가 방대한 것은 물론이고 거의 원형을 현재까지 보존하고 있다는 점에서 팔만대장경판이 가진 문화유산으로서의 가치는 매우 크다.

실제 해인사 팔만대장경판은 제작된 지 800년이라는 세월이 지났지만 수리되거나 새로 판각된 것은 극소수에 불과하다. 예컨대 새로 판각된 경판, 즉 보각판은 118판으로 전체 경판의 0.14%에 불과하고, 수리 경판도 전체의 1%를 넘지 않는다. 해인사 팔만대장경판의 99% 이상은 본래 모습 그대로를 갖추고 있다. 이 때문에 1962년 국보로 지정되었고, 2007년에는 세계기록유산으로 등재된 것이다.

〈참고문헌〉

김윤곤, 『고려대장경의 새로운 이해』, 불교시대사, 2002.

천혜종, 『고려대장경과 교장의 연구』, 범우, 2012.

최연주, 『고려대장경연구』, 경인문화사, 2006.

정은우·신은제, 「일본 오타니대학 소장 고려대장경 인경본연구」, 『문화재』 52-4, 2019.

신은제·박혜인, 「해인사 고려대장경 보각판 연구」, 『미술자료』 98, 2020.

신은제, 「해인사의 『대방광불화엄경(진본)』('수창판') 開板과 계승」, 『미술사학연구』 314, 2022.

통도사 대광명전(좌측 상단), 합천 옥전 고분군(좌측 하단), 수다라장전 내부 판가와 대장경판(우측)

부록: 한국의 세계유산 _ 안홍좌

1. 한국의 세계유산

2. 한국의 인류무형문화유산

3. 한국의 세계기록유산

Ⅳ. 부록: 한국의 세계유산

1. 한국의 세계유산

명칭 (등재시기)	내용	세계유산적 가치 / 등재기준
석굴암 · 불국사 (1995)	석굴암은 751년 신라 경덕왕 때 재상이었던 김대성이 창건을 시작하여 774년 혜공왕 때 완공되었는데, 건립 당시는 석불사로 불렀다. 석굴암은 백색의 화강암재를 사용하여 토함산 중턱에 인공으로 석굴을 축조하고, 그 내부에는 본존불인 석가여래상을 중심으로 주위에 보살상·제자상·금강역사상·천왕상 등 총 39체의 형상을 조각하였다. 석굴은 신라 전성기에 이룩된 최고 걸작으로 평가되며, 그 조영 계획은 건축·수리·기하학·종교·예술이 총체적으로 실현된 것이다. 이곳은 국보로 지정 관리되고 있으며, 1995년 12월 불국사와 함께 유네스코 세계문화유산으로 공동 등재되었다. 불국사는 751년 김대성이 창건을 시작하여 774년 완공되었다. 토함산 서쪽 중턱에 자리한 불국사는 심오한 불교사상과 천재 예술가의 혼이 독특한 형태로 표현되어 세계적으로 우수성을 인정받고 있다. 불국사는 신라인이 그린 불국, 이상적인 피안의 세계를 지상에 옮겨 놓은 것으로『법화경』에 근거한 석가모니불의 사바세계,『무량수경』에 근거한 아미타불의 극락세계,『화엄경』에 근거한 비로자나불의 연화장세계를 형상화한 것이다. 불국사는 사적으로 지정 관리되고 있는데, 내부 주요 문화유산으로는 다보탑(국보)·석가탑(국보)·청운교와 백운교(국보)·연화교와 칠보교(국보)·금동아미타여래좌상(국보)·비로자나불(국보) 등이 있다. 불국사는 1995년 12월 석굴암과 함께 세계문화유산으로 공동 등재되었다.	○석굴암은 신라 전성기의 최고 걸작으로 그 조영계획에 있어 건축·수리·기하학·종교·예술이 총체적으로 실현된 유산이며, 불국사는 불교교리가 사찰 건축물을 통해 잘 형상화된 대표적인 사례로 아시아에서도 그 유례를 찾기 어려운 독특한 건축미를 지니고 있다. ○등재기준 : i, iv
해인사 장경판전 (1995)	해인사 장경판전은 13세기에 만들어진 세계적 문화유산인 고려 대장경판 8만여 장을 보존하는 곳으로 해인사의 현존 건물 중 가장 오래된 것이다. 장경판전은 정면 15칸이나 되는 큰 규모의 두 건물을 남북으로 나란히 배치했는데, 남쪽의 건물을 수다라장, 북쪽의 건물을 법보전이라 하며, 동쪽과 서쪽에는 작은 규모의 동·서사간판전이 있다. 정확한 건립연대는 알려지지 않으나 조선 세조 3년(1457) 어명으로 판전 400여 칸을 중창하였고, 성종 19년(1488) 학조대사가 왕실의 후원으로 30칸의 대장경 경각을 중건한 뒤 보안당이라 했다는 기록이 있다. 광해군 14년(1622)에 수다라장, 인조 2년(1624)에는 법보전을 중수하였다. 장경판전은 세계 유일의 대장경판 보관용 건물이며, 해인사의 건축기법은 조선 초기의 전통적인 목조건축 양식을 보이는데 건물 자체의 아름다움은 물론, 건물 내 적당한 환기와 온도·습도조절 등의 기능을 자연적으로 해결할 수 있도록 설계되었다.	○해인사 장경판전은 경판의 부식을 방지하고 온전한 보관을 위해 15세기경에 건축된 건축물로 자연환경을 최대한 이용한 보존과학의 소산물로 높이 평가되고 있다. ○등재기준 : iv, vi

명칭 (등재시기)	내용	세계유산적 가치 / 등재기준
종묘 (1995)	종묘는 조선 역대 왕과 왕비 및 추존된 왕과 왕비의 신주를 모신 유교 사당으로서 가장 정제되고 장엄한 건축물 중의 하나이다. 종묘는 태조 3년(1394) 10월에 한양으로 도읍을 옮긴 그해 12월에 착공하여 이듬해 9월에 완공하였으며, 개성으로부터 태조의 4대조인 목조·익조·도조·환조의 신주를 모셨다. 56,503평의 경내에는 종묘 정전을 비롯하여 별묘인 영녕전과 전사청·재실·향대청·공신당·칠사당 등이 있다. 정전은 처음에 태실 7칸, 좌우에 딸린 방이 2칸이었으나 선조 25년(1592) 임진왜란 때 불타버려 광해군 즉위년(1608)에 다시 고쳐 짓고, 그 후 영조와 헌종 때 증축하여 현재 태실 19칸으로 되어있다. 정전은 건평이 1,270㎡로서 동일 시대의 단일 목조 건축물로는 세계에서 그 규모가 가장 큰 것으로 추정된다. 종묘는 궁전이나 불사의 건축이 화려하고 장식적인데 반하여 유교의 검소한 기품에 따라 건립된 특수목적용 건축물이다. 이곳은 일반건축이 아닌 신전 건축임에도 불구하고 건축의 보편적 가치를 지니고 있어 현대 많은 건축가의 연구대상이 되고 있으며, 동양의 파르테논이라 칭하여지고 있을 만큼 건축사적 가치가 크다. 종묘는 사적으로 지정 보존되고 있으며, 소장 문화유산으로 정전(국보)·영녕전(보물)·종묘제례악(국가무형문화재)·종묘제례(국가무형문화재)가 있다. 1995년 12월 유네스코 세계유산으로 등재되었다.	○종묘는 제왕을 기리는 유교 사당의 표본으로서 16세기 이래로 원형이 보존되고 있으며, 세계적으로 독특한 건축양식을 지닌 의례공간이다. 종묘에서는 의례와 음악과 무용이 잘 조화된 전통의식과 행사가 이어지고 있다. ○등재기준 : ⅳ
창덕궁 (1997)	창덕궁은 조선 태종 5년(1405) 경복궁의 이궁으로 지어진 궁궐이며, 창건 때 창덕궁의 정전인 인정전, 편전인 선정전, 침전인 희정당, 대조전 등 중요 전각이 완성되었다. 태종 12년(1412)에는 돈화문이 건립되었고, 세조 9년(1463)에는 약 6.2만평이던 후원을 넓혀 15만여평 규모로 확장하였다. 창덕궁은 1610년 광해군 때 정궁으로 사용된 후부터 1868년 고종이 경복궁을 중건할 때까지 258년 동안 역대 제왕이 정사를 보살펴 온 법궁이었다. 창덕궁 안에는 가장 오래된 궁궐 정문인 돈화문, 신하들의 하례식이나 외국 사신의 접견 장소로 쓰이던 인정전, 국가의 정사를 논하던 선정전 등의 치조공간이 있으며, 왕과 왕후 및 왕가 일족이 거처하는 희정당, 대조전 등의 침전공간 외에도 연회·산책·학문을 할 수 있는 넓은 공간을 후원으로 조성하였다. 산세에 따라 자연 지형을 크게 변형시키지 않고, 인위적인 건물이 수림 속에 자리 잡도록 한 배치는 자연과 인간이 만들어 낸 완전한 건축의 표상이다. 또한, 왕의 휴식처인 후원은 300년이 넘은 거목과 연못, 정자 등 조원 시설이 자연과 조화를 이루도록 함으로써 건축사적 또는 조경사적 측면에서 귀중한 가치를 지니고 있다. 후원은 태종 5년 창덕궁을 창건할 때 조성하였으며, 창경궁과도 통하게 하였다. 창덕궁의 역사에 대해서는 「조선왕조실록」,「궁궐지」,「창덕궁조영의궤」,「동궐도」등에 기록되어 있다. 특히 1830년경에 그린「동궐도(국보)」에는 창덕궁의 건물 배치와 형태를 그림으로 전하고 있어 궁궐사와 궁궐건축을 연구하고 고증하는데 귀중한 자료가 된다. 창덕궁은 사적으로 지정 관리되고 있으며, 돈화문(보물)·인정문(보물)·인정전(국보)·대조전(보물)·구선원전(보물)·선정전(보물)·희정당(보물)·향나무(천연기념물)·다래나무(천연기념물) 등이 문화유산으로 지정되었다. 창덕궁은 1997년 12월 유네스코 세계문화유산으로 등재되었다.	○동아시아 궁전 건축사에 있어 비정형적 조형미를 간직한 대표적 궁으로 주변 자연환경과의 완벽한 조화와 배치가 탁월하다. ○등재기준 : ⅱ, ⅲ, ⅳ

명칭 (등재시기)	내용	세계유산적 가치 / 등재기준
화성 (1997)	화성은 조선 정조가 선왕인 영조의 둘째 왕자로 세자에 책봉되었으나 당쟁에 휘말려 뒤주 속에서 생을 마감한 아버지 사도세자의 능침을 양주 배봉산에서 수원의 화산으로 천봉하고, 화산 부근의 읍치를 수원의 팔달산 아래의 현재 위치로 옮기면서 축성되었다. 성의 둘레는 5,744m, 면적은 130ha로 동쪽 지형은 평지를 이루고, 서쪽은 팔달산에 걸쳐 있는 평산성의 형태이다. 성은 문루 4, 수문 2, 공심돈 3, 장대 2, 노대 2, 포(鋪)루 5, 포(舖)루 5, 각루 4, 암문 5, 봉돈 1, 적대 4, 치성 9, 은구 2등 총 48개의 시설물로 일곽을 이루고 있었다. 이 중에 수해와 전란으로 7개 시설물(수문 1, 공심돈 1, 암문 1, 적대 2, 은구 2)이 소멸되고, 4개 시설물이 현존하고 있다. 화성은 축성 때의 성곽이 거의 원형대로 보존되어 있을 뿐아니라, 북수문(화홍문)을 통해 흐르던 수원천이 지금에도 그대로 흐르고 있다. 또한 팔달문과 장안문, 화성행궁과 창룡문을 잇는 가로망이 현재에도 도시 내부 가로망 구성의 주요 골격을 유지하고 있는 등 200년 전 성의 골격이 그대로 현존하고 있다. 축성의 동기가 군사적 목적보다는 정치·경제적 측면과 부모에 대한 효심으로 성곽 자체가 '효'라는 동양의 철학을 담고 있어 문화적 가치 외에 정신적·철학적 가치를 가지며, 이와 관련된 문화유산이 잘 보존되어 있다. 화성은 사적으로 지정 관리되고 있으며, 소장 문화유산으로 팔달문(보물)·화서문(보물)·장안문·공심돈 등이 있다. 화성은 1997년 12월 유네스코 세계문화유산으로 등재되었다.	○ 18세기에 완공된 짧은 역사의 유산이지만 동서양의 군사시설 이론을 잘 배합시킨 독특한 성으로서 방어적 기능이 뛰어난 특징을 가지고 있다. 약 6km에 달하는 성벽 안에는 4개의 성문이 있으며, 모든 건조물이 각기 모양과 디자인이 다른 다양성을 지니고 있다. ○ 등재기준 : ⅱ, ⅲ
경주역사 유적지구 (2000)	경주역사유적지구는 신라 천년(B.C57~935)의 고도(古都)인 경주의 역사와 문화를 고스란히 담고 있는 역사유적, 왕경(王京)유적이 잘 보존되어 있으며, 이미 세계유산으로 등재된 일본의 교토·나라의 역사유적과 비교하여 유적의 밀집도·다양성이 더 뛰어난 유적으로 평가된다. 이곳은 신라의 역사와 문화를 한눈에 파악할 수 있을 만큼 다양한 유산이 산재해 있는 종합역사지구이다. 유적의 성격에 따라 모두 5개 지구로 나누어져 있는데, 불교미술의 보고인 남산지구, 천년왕조의 궁궐터인 월성지구, 신라 왕을 비롯한 고분군 분포지역인 대능원지구, 신라불교의 정수인 황룡사지구, 왕경 방어시설의 핵심인 산성지구로 구분되어 있으며, 52개의 지정 문화재산이 세계유산지역에 포함되어 있다.	○ 경주역사유적지구는 한반도를 천년 이상 지배한 신라의 수도로 남산을 포함한 주변에 한국의 건축물과 불교 발달에 중요한 많은 유적과 기념물들을 보유하고 있다. ○ 등재기준 : ⅱ, ⅲ
고창·화순·강화 고인돌유적(2000)	고인돌은 선사시대 돌무덤의 일종으로 영어로는 돌멘(Dolmen)이라고 한다. 고인돌은 거석기념물의 하나이며 피라미드, 오벨리스크(Obelisk) 등 이집트나 아프리카 대륙의 각종 석조물과 영국의 스톤헨지, 프랑스 카르낙의 열석(列石) 등이 모두 거석문화의 산물이다. 고창고인돌유적은 전북 고창군 죽림리와 도산리 일대에 매산마을을 중심으로 동서 방향 약 1,764m 범위에 447기가 분포하고 있으며, 한국에서 가장 큰 고인돌의 군집을 이루고 있는 지역이다. 10톤 미만에서 300톤에 이르는 다양한 고인돌이 분포되어 있으며, 탁자식·바둑판식·지상석곽형 등 다양한 형식의 고인돌이 분포하고 있다. 화순고인돌유적은 전남 화순군 도곡면 효산리와 춘양면 대신리 일대의 계곡을 따라 약 10km에 걸쳐 596기(고인돌 287기, 추정 고인돌 309기)의 고인돌이 집중분포하고 있는데, 최근에 발견되어 보존 상태가 좋다. 또한 고인돌의 축조과정을 보여주는 채석장이 발견되어 당시의 석재를 다루는 기술, 축조와 운반 방법 등을 확인할 수 있는 유적으로 평가된다	○ 고창·화순·강화의 선사유적들은 거대한 석조로 만들어진 2,000~3,000년 전의 무덤과 장례의식 기념물로서 선사시대 문화가 가장 집중적으로 분포되어 있으며, 당시의 기술과 사회현상을 가장 생생하게 보여주는 유적이다. ○ 등재기준 : ⅲ

명칭 (등재시기)	내용	세계유산적 가치 / 등재기준
고창 · 화순 · 강화 고인돌유적(2000)	강화고인돌유적은 인천광역시 강화군 부근리 · 삼거리 · 오상리 등의 지역에 고려산 기슭을 따라 160여 기의 고인돌이 분포한다. 이곳에는 길이 6,399m, 높이 2,454m의 한국 최대의 탁자식 고인돌이 있으며, 한국 고인돌의 평균 고도보다 높은 해발 100~200m까지 고인돌이 분포하고 있다.	
제주화산섬과 용암동굴 (2007)	세계유산으로 지정된 지역은 한라산, 성산일출봉, 거문오름용암동굴계의 3개이다. 한라산은 화산 활동으로 생성된 순상(방패모양)화산체이다. 정상부에는 한라산 조면암과 백록담 현무암이 분포하는데, 한라산 조면암은 높은 점성을 갖고 돔상으로 솟아 한라산을 더 웅장하게 만들고 있다. 성산일출봉은 제주도에 분포하는 360개의 단성화산체(cinder cones: 제주방언으로는 오름) 중의 하나이며, 해안선 근처에 뛰어난 경관을 제공하는 수성화산체이다. 높이 179m로 제주도 동쪽 해안에서 사면이 절벽인 거대한 고성처럼 자리잡은 이 분화구는 바다에서 바라볼 때는 마치 왕관과 같은 모양을 하고 있으며, 하늘에서 바라보면 웅장함과 자연이 만든 조각의 오묘함이 어우러져 그 자체만으로도 뛰어난 경관임을 확인할 수 있다. 특히, '일출봉'의 일출을 배경으로 바라보는 모습은 그 경관의 장엄함과 아름다움이 뛰어나다. 거문오름용암동굴계는 약 10~30만년 전에 거문오름에서 분출된 용암으로 만들어진 여러 개의 용암동굴이다. 이 동굴계에서 세계자연유산으로 지정된 동굴은 벵뒤굴 · 만장굴 · 김녕굴 · 용천동굴, 그리고 당처물동굴이다. 만장굴과 김녕굴은 길이뿐만 아니라 통로의 규모면에서도 세계적이다. 또한 벵뒤굴은 미로형 동굴로서 세계에서 가장 복잡한 통로의 형태를 보인다. 대부분의 용암동굴은 학술적 가치가 매우 높은 다양한 규모와 형태, 지형, 그리고 동굴생성물을 보여준다. 2007년 6월 27일(수), 뉴질랜드 크라이스트처치에서 열린 제31차 세계유산위원회에서 '제주화산섬과 용암동굴'이라는 이름으로 세계자연유산으로 등재되었다.	o제주도는 수많은 측화산과 세계적인 규모의 용암동굴, 다양한 희귀생물 및 멸종위기종의 서식지가 분포하고 있어 지구의 화산 생성과정 연구와 생태계 연구의 중요한 학술적 가치가 있다. 한라산 천연보호구역의 아름다운 경관과 생물 · 지질 등은 세계적인 자연유산으로서 가치를 지니고 있다. o등재기준 : vii, viii
조선왕릉 (2009)	2009년 유네스코 세계유산에 등재된 '조선왕릉'은 40기의 조선시대 왕릉으로 구성되어 있다. 이것은 조선시대의 국가통치 이념인 유교와 그 예법에 근거하여 시대에 따라 다양한 공간의 크기, 문인과 무인 공간의 구분, 석물의 배치, 기타 시설물의 배치 등이 특색을 띠고 있다. 특히 왕릉의 석물 중 문석인, 무석인의 규모와 조각 양식 등은 예술성을 각각 달리하며 시대별로 변하는 사상과 정치사를 반영하고 있어서 역사의 흐름을 읽을 수 있는 뛰어난 문화유산에 속한다. 조선시대의 왕릉은 하나의 우주세계를 반영하도록 조영되었다. 능역은 속세의 공간인 진입공간(재실 · 연못 · 금천교), 제향공간(홍살문 · 정자각 · 수복방), 성역공간(비각 · 능침공간)의 3단계로 구분되어 조성되었는데, 이는 사후의 세계관을 강조하는 것이다. 조선시대의 능원은 500여 년이나 되는 오랜 기간 동안 통치한 왕조 능원제도의 특징을 갖고 있으며, 시대적 흐름에 따른 통치철학과 정치 상황을 바탕으로 능원공간 조영 형식의 변화, 관리공간 영역의 변화, 조형물 특성의 변화 등을 잘 반영하고 있는 독특한 문화유산이다.	o등재기준 : iii, iv

명칭 (등재시기)	내용	세계유산적 가치 / 등재기준
한국의 역사마 을: 하회 와 양동 (2010)	하회마을과 양동마을은 조선시대(1392~1910)에 양반문화가 가장 화려하게 꽃피었던 한반도 동남부(영남지방)에 위치한 씨족마을이다. 두 마을은 한국의 대표적인 마을 입지인 배 산임수의 형태를 띠고 있으며, 여름에 고온다습하고 겨울에 저온건조한 기후에 적응하기 위한 건물의 형태와 유교 예 법에 입각한 가옥의 구성을 지니고 있다. 하회는 하회마을과 병산서원으로, 양동은 양동마을과 그 주 변 관련 건축물인 동강서원·옥산서원·독락당으로 구성되 어 있다. 두 마을에는 양반 씨족마을의 대표적인 구성 요소인 종가, 살림집, 정사와 정자, 서원과 서당, 그리고 주변의 농경지와 자연경관이 거의 완전하게 남아 있다. 또한 유형 유산과 관 련된 많은 의례·놀이·저작·예술품 등 수많은 정신적 유 산들을 보유하고 있다.	ㅇ등재기준 : iii, iv
남한산성 (2014)	남한산성은 극동아시아 여러 지역의 영향을 바탕으로 다양 한 군사 방어 기술을 종합적으로 구현하고 있는 조선왕조 의 비상시 임시수도로서, 한국의 독립성 및 역사상 다양한 종교·철학이 조화롭게 공존해 온 가치를 상징하는 유산이 다. 이곳은 본성(한봉성과 봉함성을 포함)과 신남성(동서 돈대) 으로 구성된 연속유산으로 16~18세기까지 동아시아 국가 들간 축성술과 도시 계획이 상호 교류한 증거이다. 또한 7~19세기까지 축성술의 시대별 발달 단계와 무기 체계의 변화상을 잘 보여주며, 지금까지 주민들이 거주하는 살아있 는 유산으로서 가치를 보유한다. 남한산성은 사적으로 지정되어 있으며, 국가지정 문화유산 2개(성곽, 남한산성 행궁), 경기도 지정문화유산 6건(수어 장대·연무관·숭렬전·청량당·현절사·침괘정) 및 경기 도 기념물 2건(망월사지·개원사지) 등으로 구성되어 있다. 총면적은 36,447㎢로 성 안쪽이 2,317㎢(6%), 성 바깥쪽 34,130㎢(94%)를 차지한다.	ㅇ남한산성은 16~18세기 동아시아의 한국과 중국· 일본 간에 산성 건축술과 무기 발달이 상호 교류된 탁월한 증거로, 조선의 자주 권과 독립성을 수호하기 위 해 유사시의 임시수도로서 기능할 수 있도록 계획적으 로 축조된 유일한 산성 도 시이다. 남한산성은 험한 지형을 활 용하여 성곽과 방어시설을 구축함으로써 7~19세기에 이르는 축성술의 시대별 발 달 단계를 잘 나타내고 있 다. ㅇ등재기준 : ii, iv
백제역 사지구 (2015)	백제역사유적지구는 공주시·부여군·익산시 등 3개 시· 군의 8곳 문화유산으로 구성되어 있다. 공주시에는 공산 성·송산리고분군 등 2곳, 부여군에는 관북리유적과 부소 산성·능산리고분군·정림사지·부여나성 등 4곳, 익산시 에는 왕궁리유적·미륵사지 등 2곳이다. 백제역사유적지구는 5~7세기 한국·중국·일본의 고대 동 아시아 왕국들 사이의 교류와 그 결과로 나타난 건축 기술 의 발전과 불교의 확산을 보여주는 고고학 유적이다. 또한 이곳은 수도의 입지, 불교 사찰과 고분군, 건축물과 석 탑을 통해 한국의 고대왕국 백제의 문화·종교·예술미를 보여준다. 이 모든 요소는 동(同) 유산이 한국·중국·일본 동아시아 삼국 고대 왕국들 사이의 상호 교류 역사를 잘 보 여줌과 동시에 백제의 내세관·종교·건축기술·예술미 등 을 모두 포함하고 있는 백제 역사와 문화를 증명하고 있다.	ㅇ등재기준 : ii, iii

명칭 (등재시기)	내용	세계유산적 가치 / 등재기준
산사, 한국의 산지승원 (2018)	산사는 한반도 남쪽 지방에 위치한 7개 불교 산지 승원-통도사 · 부석사 · 봉정사 · 법주사 · 마곡사 · 선암사 · 대흥사-으로 이루어져 있다. 7~9세기에 창건된 이들 7개 사찰은 신앙과 영적 수행, 승려 공동체 생활의 중심지로 한국 불교의 역사적인 전개를 보여주고 있다. 한국의 다양한 불교 신앙이 산사의 경내에 수용되었으며, 이는 역사적인 구조물과 전각 · 유물 · 문서 등에 잘 남아 있다. 사찰 운영에서 나타나는 자립성과 승려 교육, 한국 선불교의 특징인 영적 수행과 교리 학습의 공존 등의 지속적인 전통에서 한국 불교의 무형적, 역사적 측면을 확인할 수 있다. 이들 산사는 조선시대 억압과 전란으로 인한 손상에도 불구하고, 오늘날까지 신앙과 일상적인 종교적 실천의 살아있는 중심으로 남아 있는 신성한 장소이다.	○등재기준 : iii
한국의 서원 (2019)	한국의 서원(16세기 중반부터 17세기 건립)은 조선시대 성리학 교육기관을 대표하는 9곳으로 이루어진 연속유산으로, 한국의 성리학과 연관된 문화적 전통에 대한 탁월한 증거이다. 소수 · 남계 · 옥산 · 도산 · 필암 · 도동 · 병산 · 무성 · 돈암 등 9개의 서원으로 구성되어 있으며, 한국의 중부와 남부 여러 지역에 걸쳐 위치한다. 서원의 위치에 가장 크게 고려되는 요소는 선현과의 연관성이다. 두 번째는 경관으로 자연 감상과 심신 단련을 위해 산과 물이 가까운 곳에 위치한다. 서원에서 누마루 양식의 개방적인 건물은 그러한 경관과의 연결을 더욱 원활하게 한다. 학자들은 성리학 고전과 문학작품을 공부했고, 우주를 이해하고 이상적인 인간이 되기 위해 노력했으며, 고인이 된 성리학자들을 배향하며 강한 학문적 계보를 형성했다. 나아가 서원에 근거한 다양한 사회정치적 활동을 통해 성리학의 원칙을 널리 보급하는 데 크게 기여했다.	○등재기준 : iii
한국 의 갯벌 (2021)	한국의 갯벌은 황해의 동쪽이자 대한민국의 서남해안에 위치하는데, 서천 · 고창 · 신안 · 보성–순천의 4개 갯벌로 이루어져 있다. 이 유산은 지구 생물다양성의 보전을 위해 전 지구적으로 가장 중요하고 의미 있는 서식지 중 하나이며, 특히, 동아시아–대양주 철새이동경로(EAAF)의 국제적 멸종위기 이동성 물새의 중간기착지로서 국제적 중요성을 갖는다. 이 지역의 지형지질학 · 해양학 · 기후학적인 조건들은 복합적으로 조합되어 철새들을 포함한 갯벌 생물들의 다양한 서식지를 발전시켰다. 이 유산은 102종의 이동성 물새를 포함하여 2,169종의 동식물이 보고될 정도로 높은 수준의 생물다양성을 보유하고 있다. 특히 이곳은 47종의 고유종과 5종의 멸종위기 해양 무척추동물 종과 27종의 국제적 위협 또는 준위협 상태(near-threatened)의 이동성 물새 종을 부양하고 있다. 유산은 지질다양성과 생물다양성 사이의 연관성을 보여주며, 자연환경에 의존하는 인간활동과 문화다양성을 보여주고 있다.	○등재기준 : x
가야고분 군(2023)	가야고분군은 1~6세기에 걸쳐 한반도 남부에 존재했던 '가야'의 7개 고분군으로 이루어진 연속유산이다. 7개 고분군은 대성동 · 말이산 · 옥전 · 지산동 · 송학동 · 유곡리와 두락리 · 교동과 송현동의 고분군이다.	○등재기준 : iii

2. 한국의 인류무형문화유산

명칭 (등재시기)	내용	
종묘제 례 및 종 묘제례악 (2008)	종묘제례란 조선시대 역대 왕과 왕비의 신위를 모셔 놓은 사당(종묘)에서 지내는 제사를 가리키며, '대제(大祭)'라고도 부른다. 종묘는 사직과 더불어 조선시대에는 국가 존립의 근본이 되는 중요한 상징물이었으며, 정전(19실)과 영녕전(16실)이 있다. 제례는 신을 모셔 와 즐겁게 하고, 보내드리는 내용으로 구성되어 있다. 그 절차는 선행절차 →취위(就位) →영신(迎神) →행신나례(行晨裸禮) →진찬(進饌) →초헌례 →아헌례 →종헌례 →음복례 →철변두(撤籩豆) →망료(望燎) →제후처리(祭後處理)의 순서로 진행되며, 종묘제례가 있기 전 왕은 4일간 근신하고 3일간 몸을 깨끗하게 한다. 종묘제례는 유교 사회에 있어 예를 소중히 여긴 조상들에게 기준이 된 귀중한 의식으로 웅장함과 엄숙함이 돋보인다. 종묘제례악은 조선시대 사당(종묘)에서 제사(종묘제례)를 지낼 때 무용과 노래와 악기를 사용하여 연주하는 음악을 가리키며, '종묘악'이라고도 한다. 종묘제례악은 기악 연주와 노래, 춤이 어우러진 궁중음악의 정수로서 한국의 문화적 전통과 특성이 잘 나타나 있으면서도 외국에서는 볼 수 없는 독특한 멋과 아름다움을 지니고 있다.	1975년 종묘제례와 1964년 종묘제례악이 국가무형문화재로 지정되어 보존 · 전승. 2001년 '인류구전 및 무형유산 걸작'으로 선정. 2008년 '유네스코 인류무형유산 대표목록'으로 등재.
판소리 (2008)	판소리는 한 명의 소리꾼이 고수(북치는 사람)의 장단에 맞추어 창(소리), 말(아니리), 몸짓(너름새)을 섞어가며 긴 이야기를 엮어가는 것을 말한다. 한국의 시대적 정서를 나타내는 전통예술로 삶의 희로애락을 해학적으로 음악과 어울려서 표현하며 청중도 참여한다는 점에서 가치가 크다. 판소리는 순조(재위 1800~34) 무렵부터 판소리 8명창이라 하여 권삼득 · 송흥록 · 모흥갑 · 염계달 · 고수관 · 신만엽 등이 유명하였다. 이들에 의해 장단과 곡조가 오늘날과 같이 발전되었고, 동편제(전라도 동북지역) · 서편제(전라도 서남지역) · 중고제(경기도 · 충청도) 등 지역에 따라 나뉜다. 판소리가 발생할 당시에는 한 마당의 길이가 그리 길지 않아 판소리 열두 마당이라 하여 춘향가 · 심청가 · 수궁가 · 흥보가 · 적벽가 · 배비장타령 · 변강쇠타령 · 장끼타령 · 옹고집타령 · 무숙이타령 · 강릉매화타령 · 가짜신선타령 등 그 수가 많았다. 그러나 점차 소리가 길어지면서 충 · 효 · 의리 · 정절 등 조선시대의 가치관을 담은 판소리 다섯마당인 춘향가 · 심청가 · 수궁가 · 흥보가 · 적벽가로 정착되었다.	1964년 국가무형문화재로 지정되어 보존 · 전승. 2003년 '인류구전 및 무형유산 걸작'으로 선정. 2008년 '유네스코 인류무형유산 대표목록'으로 등재.
강릉단오 제(2008)	강릉단오제는 유교식 제의와 무당굿의 종교적 의례를 기반으로 가면극과 단오민속놀이, 난장(亂場)이 합쳐진 전통 축제이다. 음력 4월 5일 신주 빚기를 시작으로 음력 4월 대관령에서 국사성황신을 맞이하는 영신제를 거쳐 음력 5월 강릉 시내 일대를 중심으로 단오행사가 펼쳐지고, 밤에 국사성황신 송신제와 소제(燒祭)로 마무리된다. 강릉단오제는 민중의 역사와 삶이 녹아있는 전통축제라는 점에서 가치가 있다. 특히 한국의 대표적 전통신앙인 유교, 무속, 불교, 도교를 정신적 배경으로 하여 다양한 의례와 공연이 있는데, 이를 형성하는 음악과 춤 · 문학 · 연극 · 공예 등은 뛰어난 예술성을 보여준다. 또한 전통문화 전승의 장으로 제례 · 단오굿 · 가면극 · 농악 · 농요 등 다양한 무형문화유산과 함께 그네뛰기 · 씨름 · 창포 머리감기 · 수리취떡 먹기 등 한국의 역사와 독창적인 풍속이 전승되는 전통축제이다.	1967년 국가무형문화재로 지정되어 보존 · 전승. 2005년 '인류구전 및 무형유산 걸작'으로 선정. 2008년에 '유네스코 인류무형유산 대표목록'으로 등재.

명칭 (등재시기)	내용	
강강술래 (2009)	강강술래는 손잡고 원을 그리며 가무하는 기본형을 바탕으로 여러 가지 놀이가 결합된 가무놀이다. 강강술래라고 부른 이유는 노래의 매 소절마다 '강강술래'라는 받는 소리가 붙기 때문이다. 강강술래의 말뜻은 정확히 밝혀지는 바 없다. 전통적으로 강강술래는 한국의 대표적인 세시절기인 설·대보름·단오·백중·추석·9월 중구 밤에 연행되었으며, 특히 팔월 추석날 밤에 대대적으로 행해졌다. 강강술래는 초저녁때 달이 돌 때 시작하여 달이 서산에 기울 때까지 계속 놀 정도로 흥겹고 또한 역동적이다. 설소리 노랫가락의 빠르기에 따라 강강술래는 긴강강술래·중강강술래·잦은강강술래로 구분되는데, 노래의 빠르기에 따라 손을 잡고 뛰는 여성들의 발놀림도 빠르기도 달라진다.	1966년 국가무형문화재로 지정되어 보존·전승. 2009년 '유네스코 인류무형유산 대표목록'으로 등재.
남사당놀이(2009)	남사당놀이는 약 40~50명의 남자로 구성된 전문적인 유랑 예인 집단에 의해 전승되었다. 그들은 6가지의 풍물놀이·덧뵈기(탈놀이)·어름(줄타기)·덜미(인형극)·쌍판(땅재주)·버나(버나 돌리기)를 이루어 주로 서민층을 대상으로 공연하였다. 놀이는 지역 전승의 각종 풍물·탈놀이·세시놀이에 영향을 주었다. 남사당놀이는 전체적으로 각종 잡희(다양한 놀이)·대사·노래·음악·무용·몸짓·집단움직임이 상호 유기적으로 결합되어 있어 전통예술의 종합적 성격을 지닌다. 이것은 풍자를 통한 현실 비판성이라는 특징이 있다. 덧뵈기(탈놀이)와 덜미(인형극)에는 부패한 관리와 무능한 양반에 대한 비판, 가부장제하의 남성 횡포에 대한 비판, 관념과 허위를 극복하는 자유로운 삶의 추구 등이 나타난다. 기층민은 이런 놀이를 통해 심리적 억압 상태를 벗어나는 카타르시스를 느낀다.	1964년 국가무형문화재로 지정되어 보존·전승. 2009년 '유네스코 인류무형유산 대표목록'으로 등재.
영산재 (2009)	영산재는 49재(사람이 죽은 지 49일째 지나는 제사)의 한 형태로, 영혼이 불교를 믿고 의지함으로써 극락왕생하게 하는 의식이다. 석가모니가 영취산에서 행한 설법회상인 영산회상을 오늘날에 재현한다는 상징적인 의미를 지니고 있다. 불교 천도의례 중 대표적인 제사로 일명 '영산작법'이라고도 한다. 영산재는 제단이 만들어지는 곳을 상징화하기 위해 야외에서 시작한다. 신앙의 대상을 절 밖에서 모셔 오는 행렬의식을 하는데, 이때 부처의 공덕을 찬양하기 위해 해금·북·장구·거문고 등 각종 악기가 연주되고, 바라춤·나비춤·법고춤을 춘다. 신앙의 대상을 옮긴 후에는 여러 가지 예를 갖추어 소망을 기원하며 영혼에게 제사를 지낸다. 마지막으로 신앙의 대상을 돌려보내는 봉송의례를 하는데, 제단이 세워진 곳에서 모든 대중이 열을 지어 돌면서 독경 등을 행한다.	1973년 국가무형문화재로 지정되어 보존·전승. 2009년 '유네스코 인류무형유산 대표목록'으로 등재.
제주칠머리 영동굿(2009)	제주칠머리당영등굿은 제주시 건입동의 본향당(本鄉堂)인 칠머리당에서 하는 굿이다. 건입동은 제주도의 작은 어촌으로 주민들은 물고기와 조개를 잡거나 해녀 작업으로 생계를 유지하는데, 마을 수호신인 도원수감찰지방관(都元帥監察地方官)과 용왕해신부인(龍王海神夫人) 두 부부에게 마을의 평안과 풍요를 비는 굿이다. 이 굿은 영등신에 대한 제주도 특유의 해녀신앙과 민속신앙이 담겨 있는 굿으로 한국 유일의 해녀굿이라는 점에서 그 특이성과 학술적 가치가 있다.	1980년 국가무형문화재로 지정되어 보존·전승. 2009년 '유네스코 인류무형유산 대표목록'으로 등재.

명칭 (등재시기)	내용	
처용무 (2009)	처용무란 처용 가면을 쓰고 추는 춤을 말한다. 궁중무용 중에 유일하게 사람 형상의 가면을 쓰고 추는 춤으로, '오방처용무'라고도 한다. 처용무는 5명이 동서남북과 중앙의 5방향을 상징하는 옷을 입고 추는데, 동은 파란색, 서는 흰색, 남은 붉은색 북은 검은색, 중앙은 노란색이다. 춤의 내용은 음양오행설의 기본 정신을 기초로 하여 악운을 쫓는 의미가 담겨 있다. 춤사위는 당당하고 활기찬 움직임 속에서 씩씩하고 호탕한 모습을 엿볼 수 있고, 가면과도 조화를 이루고 있다. 처용탈의 팥죽색이나 복숭아 열매 등은 악귀를 물리치는 벽사의 의미를 담고 있고, 모란꽃은 재물을 불러온다는 부귀화로 경사로운 일을 맞이한다는 의미를 담고 있다.	1971년 국가무형문화재로 지정되어 보존·전승. 2009년 '유네스코 인류무형유산 대표목록'으로 등재.
가곡 (2010)	가곡은 시조시(한국 고유의 정형시)에 곡을 붙여서 관현악 반주에 맞추어 부르는 한국 전통음악으로, '삭대엽(數大葉)' 또는 '노래'라고도 한다. 가곡의 원형인 만대엽·중대엽·삭대엽 순이나 느린 곡인 만대엽은 조선 영조(재위 1724~76) 이전에 없어졌고, 중간 빠르기의 중대엽도 조선 말에는 부르지 않았던 것으로 알려져 있다. 지금의 가곡은 조선 후기부터 나타난 빠른 곡인 삭대엽에서 파생됐다. 현재 전승되고 있는 가곡은 우조, 계면조를 포함하여 남창 26곡, 여창 15곡 등 모두 41곡이다. 여창은 남창 가곡을 여자가 부를 수 있도록 변형시킨 것으로 남창과 거의 동일하다. 다만 여창 특유의 섬세함이 돋보이는 선율과 높은 음역의 속소리(가성)를 내는 점이 다르다. 거문고와 가야금·해금·대금·단소·장구 등으로 이루어진 반주음악에 맞추어 가곡을 부른다.	1969년 국가무형문화재로 지정되어 보존·전승. 2010년 '유네스코 인류무형유산 대표목록'으로 등재.
대목장 (2010)	나무를 다루는 사람을 전통적으로 목장·목공·목수라 불렀다. 기록상으로 보면 목장은 삼국시대부터 있었다. 궁궐이나 사찰 또는 가옥을 짓고 건축과 관계된 일을 대목이라 불렀고, 그 일을 하는 장인을 대목장이라 불렀다. 설계·시공·감리 등 나무를 재료로 하여 집을 짓는 전 과정의 책임을 지는 장인으로서 오늘날 건축가를 일컫는 전통적 명칭이다. 우두머리인 대목장의 역할은 많은 장인을 지휘 통솔하는 능력뿐만 아니라, 건축과 관련된 모든 기술과 기법을 충분히 갖춘 이만이 수행할 수 있다. 집을 짓기 위한 목재의 구입에서 건물의 배치, 건물의 용도에 따른 설계 과정을 거쳐, 목재의 치목과 모든 부재를 조립하여 건물의 뼈대를 완성하게 된다. 벽을 만들고 지붕을 올리고 기와·단청에 이르는 여러 단계의 후반 작업을 거쳐야 한다.	1982년 국가무형문화재로 지정되어 보존·전승. 2010년 '유네스코 인류무형유산 대표목록'으로 등재.
매사냥 (2010)	매사냥은 야생 상태에서 사냥을 위해 매를 사육하고 조련하는 전통적인 활동이다. 아시아에서 발원하여 무역과 문화 교류를 통해 다른 지역으로 확산되었는데, 과거에 매사냥은 식량 확보 수단으로 사용되었으나 현재는 자연과의 융화를 추구하는 야외활동으로 60개 이상 국가에서 전승되고 있다. 매사냥꾼들의 문화적 배경은 다양하지만, 이들은 보편적인 가치와 전통, 관습을 공유하고 있다. 매사냥은 멘토링, 가족 내 학습, 공식적인 훈련 등 다양한 방법을 통해 하나의 문화적 전통으로 세대를 이어 전승되고 있다.	2000년 대전, 2007년 전북 시도무형문화재로 지정되어 보존·전승. 2010년 '유네스코 인류무형유산 대표목록'으로 11개국이 참여하여 공동등재.

명칭 (등재시기)	내용	
줄타기 (2011)	줄타기는 두 개의 지지대 사이에 걸친 하나의 줄 위에서 걷는 기예뿐만이 아니라 재담과 노래·춤·재주를 보여주는 한국의 전통 공연예술이다. 과거에는 주로 음력 4월 15일이나 단오날·추석 등 명절날, 혹은 개인의 초청으로 공연이 이루어졌다. 줄타기 공연자들은 줄광대·어릿광대·삼현육각재비로 나누어진다. 줄광대는 줄 위에서 갖가지 재주를 보여주고, 어릿광대는 땅 위에 서서 줄광대와 어울려 재담을 한다. 삼현육각재비는 줄 밑 한편에 한 줄로 앉아서 장구·피리·해금 등으로 광대들의 동작에 맞추어 연주한다. 한국의 줄타기는 단순히 줄을 타는 기술을 선보이는 것을 넘어 줄광대와 어릿광대가 관객들과 끊임없이 소통한다는 점에서 다른 나라의 줄타기와 구별된다. 한국의 줄타기 공연은 관객에게 재미와 스릴을 일방적으로 보여주는 것이 아니라 연행자와 관객이 쌍방향으로 소통해 관객들이 일상에서 벗어나 공연의 분위기에 어울릴 수 있다는 점을 특징으로 한다.	1976년 국가무형문화재 지정되어 보존·전승. 2011년 '유네스코 인류무형유산 대표목록'으로 등재.
택견 (2011)	택견은 흡사 춤을 추듯 능청거리기도 하고, 우쭐거리기도 하면서 발로 차고, 혹은 상대를 걸어서 넘어뜨리는 한국의 전통무예이다. 택견은 수련자가 통제력을 갖는 순간 상대를 파악하는 능력을 가르치는 드문 종류의 무예로, 공격보다 방어 기술을 더 많이 가르치는 것이 특징이다. 숙련된 택견 수행자는 부드러운 동작으로 순간적으로 상대를 압도하며, 진정한 수련자는 해를 끼치지 않고 상대를 물러서게 하는 법을 안다. 택견은 첫째, 손발과 몸 동작이 근육의 움직임과 일치하고, 유연하며 자연스럽게 주고받을 수 있다. 둘째, 택견은 음악적이며 무용적인 리듬을 갖고 있어 예술성 짙다. 셋째, 공격보다는 수비에 치중하고 발을 많이 움직인다는 특징이 있다.	1976년 국가무형문화재 지정되어 보존·전승. 2011년 '유네스코 인류무형유산 대표목록'으로 등재.
한산모시짜기 (2011)	한산모시짜기는 자연 원료인 모시풀에서 얻은 실을 베틀을 이용해 전통적인 방식으로 직조하는 기술이다. 이는 모시 짜는 기술일 뿐만 아니라 실행자들이 모시를 생산하는 전 과정을 함께 즐기는 오락적 성격도 갖는다. 제작 과정은 재배와 수확, 태모시 만들기, 모시째기, 모시삼기, 모시굿 만들기, 모시날기, 모시매기, 모시짜기, 모시를 표백하여 실을 잡아 직조하는 순으로 이루어진다. 모시는 의례복·군복·상복을 비롯해 보통 사람들의 다양한 의류에 사용되었다. 모시옷은 하얗게 표백되고 잘 손질된 정갈한 옷맵시를 자랑하며, 기품 있는 고급의류로 사용되었다. 흰옷은 특히 한국을 상징하는 문화적·역사적 상징으로 한민족을 표현하는 중요한 수단이기도 하다.	1967년 국가무형문화재로 지정되어 보존·전승. 2011년 유네스코 인류무형유산 대표목록으로 등재.
아리랑 (2012)	아리랑은 한국의 대표적인 민요로 '아리랑', 또는 그와 유사한 발음의 어휘가 들어 있는 후렴을 규칙적으로, 또는 간헐적으로 띄엄띄엄 부르는 노래이다. 아리랑은 한반도와 해외 한민족 사회에서 널리 애창되는 노래이며, 한민족 구성원이라면 누구나 아리랑을 알고, 즐겨 부른다. 또한 아리랑은 가사가 정해져 있지 않고, 주제가 개방되어 있기에 무엇이든지 자유롭게 노래할 수 있다는 특징을 가지고 있다. 선율이 반복적이고 따라 부르기 쉬워서 외국인이라도 몇 번만 들으면 흥얼거릴 수 있다. 아리랑은 지역과 세대를 초월해 광범위하게 전승되고 재창조 되고 있다는 점과 '아리랑 아리랑 아라리요'라는 후렴구만 들어가면 누구나 쉽게 만들어 부를 수 있다는 다양성의 가치를 가졌다.	2015년 국가무형문화재로 지정되어 보존·전승. 2012년 '유네스코 인류무형문화유산 대표목록'으로 등재.

명칭 (등재시기)	내용	
김장문화 (2013)	김장은 길고 혹독한 겨울을 나야 하는 한국인들에게 꼭 필요한 월동 준비이다. 늦가을 김장철이 되면 가족이나 친족을 중심으로 다함께 모여 김장을 하고, 형편이 어려운 사람들에게 나누어줌으로써 겨울동안 먹을 김치를 충분히 확보할 수 있도록 해준다. 김장은 사회적 나눔, 구성원 간 협력 증진, 김장문화 전승 등의 다양한 목적을 갖고 있고, 특히 지역의 차이, 사회·경제적 차이를 넘어 대한민국 국민 전체를 포괄한다는 특징을 가지고 있다. 오랜 시간에 걸쳐 한국 사람들은 주변의 자연환경에 가장 잘 맞는 김장 방식을 창조적으로 발전시켜 왔으며, 김장의 구체적인 방식과 재료는 여러 세대에 걸쳐 전승되고 있다. 김장은 지역과 세대를 초월해 광범위하게 전승되고, 한국인들이 이웃과 나눔의 정을 실천하며, 결속을 촉진하고 한국인들에게 정체성과 소속감을 준다는 점과 비슷한 천연재료를 창의적으로 이용하는 식습관을 가진 국내외 다양한 공동체들간의 대화를 촉진함으로써 무형유산의 가시성 제고에 기여했다는 점을 인정받았다.	2017년 국가무형문화재 '김치 담그기'로 지정되어 보존·전승. 2013년 '유네스코 인류무형문화유산 대표목록'으로 등재.
농악 (2014)	농악은 한국사회에서 마을 공동체의 화합과 마을 주민의 안녕을 기원하기 위해 연행되며, 한국 전역에서 행해지는 대표적인 민속예술이자 꽹과리·징·장구·북·소고 등 타악기를 합주하면서 행진하거나 춤을 추며 연극을 펼치기도 하는 종합 예술이다. 농악은 마을신이나 농사신을 위한 제사·액을 쫓고 복을 부르는 축원, 보의 풍농 기원과 가을의 풍농 축제 등 한국인의 삶 속에서 늘 함께하는 것이었고, 공동체의 여러 행사에서 연주되며 신명을 끌어내고 화합하고 단결하게 하는 역할을 하고 있다.	1966년부터 다양한 지역의 농악이 국가무형문화재와 시도무형문화재로 지정되어 보존·전승. 2014년 '유네스코 인류무형문화유산 대표목록'으로 등재.
줄다리기 (2015)	줄다리기는 풍농을 기원하고, 공동체 구성원 간의 화합과 단결을 위하여 동아시아와 동남아시아 도작(稻作, 벼농사)문화권에서 널리 연행된다. 공동체 구성원들은 줄다리기를 통해 사회적 결속과 연대감을 도모하고, 새로운 농경 주기가 시작되었음을 알린다. 줄다리기는 두 팀으로 나누어 줄을 반대 방향으로 당기는 놀이이며, 승부보다는 공동체의 풍요와 안위를 도모하는 데에 본질이 있다. 줄다리기는 민속 문화의 특성과 정신적 가치를 잘 표현하고 있는 대표적인 전통놀이이자 의례로 문화적 다양성과 공유적 가치에 대해 주목하고 다국간 공동등재를 추진하였다.	1969년부터 줄다리기가 국가무형문화재와 시도무형문화재로 지정되어 보존·전승. 2015년 '유네스코 인류무형유산 대표목록'으로 캄보디아·필리핀·베트남과 함께 공동등재.
제주해 녀문화 (2016)	제주해녀문화는 잠녀 혹은 잠수라고 불리는 해녀, 제주해녀 공동체 안에서 끊임없이 세대간에 전승되는 물질 기술, 바다의 여신인 용왕 할머니에게 풍요와 바다에서의 안전을 기원하기 위한 잠수굿·서우젯소리·해녀노래 등을 포함하고 있다. 제주해녀들은 바다 속의 암초와 해산물의 서식처를 포함하는 바다에 대한 인지적 지도 및 자연친화적 채집기술인 물질작업을 통해 해산물을 채취한다. 해녀는 산소공급 장치 없이 10미터 정도 깊은 바다 속에서 약 1분간 잠수한 후 숨을 길게 내뱉으며 특이한 소리를 내는데, 이를 '숨비소리'라고 한다. 해산물을 채취하며 물질 기술에 따라 제주해녀 공동체는 상군·중군·하군 등 세 가지 집단으로 나뉜다. 제주해녀문화가 갖는 물질작업의 지속 가능성, 약자에 대한 배려, 생태주의적 요소는 인류사회가 지향해야 할 지속가능한 발전 모델로서의 가치를 지니고 있다.	2017년 국가무형문화재 '해녀'로 지정되어 보존·전승. 2016년 '유네스코 인류무형문화유산 대표목록'으로 등재.

명칭 (등재시기)	내용	
씨름 (2018)	씨름은 한국을 대표하는 민속놀이이다. 명절·장날·운동회·축제 등 각종 행사에 항상 등장하는 전통적 오락이자 체육활동이다. 한국의 씨름은 두 사람이 다리와 허리에 맨 샅바를 잡고 힘과 기술을 사용하여 상대를 쓰러뜨리는 경기이다. 농업을 중시했던 한국 사회에서는 주로 농사의 절기와 관련하여 씨름판을 벌인다. 새해 초에 마을의 풍년을 바라거나 모내기철에 모를 심기 위한 '물 대기' 수단으로 씨름을 하고, 고된 김매기를 마친 뒤에 농부의 휴식을 위하거나 수확에 감사하며 함께 즐긴다. 농경이 해마다 이루어짐에 따라 씨름도 반복되는 주기성을 띠면서 자연스럽게 전국적인 세시풍속의 하나로 정착되었다.	2017년 국가무형문화재로 지정되어 보존·전승. 2018년 '유네스코 인류무형유산 대표목록'으로 북한과 최초로 공동등재.
연등회 (2020)	연등회는 부처님 오신 날(음력 4월 초파일)이 가까워 오면 대한민국 전역에 소망을 담아 만든 등을 밝히고, 장대한 행렬을 이루어 거리를 행진하는 의식이자 축제이다. 본래 부처님 오신 날을 기념하기 위한 종교의식이었으나 현재 인종·세대·종교와 상관없이 참여할 수 있는 국가적인 봄철 축제이다. 거리에는 다채로운 연등이 내걸리고, 사람들은 대나무·한지 등으로 만든 연등을 들고 축하 행렬을 위해 모여든다. 연등회는 연등법회·연등행렬·회향(廻向) 등으로 구성되며, 관불의식을 시작으로 연등을 든 사람들의 행진이 이어지며, 행진이 끝난 뒤에는 참여자들이 모여 회향함으로써 화합의 절정을 이룬다. 참여자들은 스스로 만든 연등을 밝혀 개인과 가족, 그리고 이웃과 나라 전체의 안녕과 행복을 기원한다.	2012년 국가무형문화재로 지정되어 보존·전승. 2020년에 '유네스코 인류무형유산 대표목록'으로 등재.
한국의 탈춤 (2022)	탈춤은 춤·노래·연극을 아우르는 종합예술이다. 탈을 쓴 연행자가 춤과 노래, 행동과 말을 극적으로 조합해 사회 문제를 해학적으로 표현하고, 6~10명의 악사가 이들을 따른다. 탈춤은 일상생활에서 볼 수 있는 인물을 우스꽝스럽게 묘사하며, 보편적 평등을 주장하고, 계급제의 모순을 비판한다. '한국의 탈춤'은 한국인의 삶 속에서 전통적 공연예술 및 무형유산의 상징으로 인식되어 왔으며, 한국인으로서의 소속감·문화적 정체성을 강화시켜 왔다.	1964년 지역의 탈춤들이 국가무형문화재와 시도무형문화재로 지정되어 보존·전승. 2022년 '유네스코 인류무형문화유산 대표목록'으로 등재.

3. 한국의 세계기록유산

명칭 (등재시기)	내용
훈민정음 (1997)	서명은 『훈민정음』보다는 『훈민정음(해례본)』이라 부르는 것이 좋다. 1443년(세종 25년) 겨울에 세종이 창제한 문자 '훈민정음'과 구별할 수 있기 때문이다. 『훈민정음(해례본)』은 1446년 음력 9월에 간행된 1책의 목판본으로, 새로 만든 문자 '훈민정음'의 창제 목적과 이 문자의 음가 및 운용법, 그리고 이들에 대한 해설과 용례를 붙인 책이다. 세종이 직접 작성한 '예의(例義)' 부분과 정인지를 비롯하여 신숙주 · 성삼문 · 최항(崔恒) · 박팽년 · 강희안 · 이개(李塏) · 이선로(李善老) 등 집현전 학자 8명이 만든 '해례(解例)'의 두 부분으로 구성되어 있다. 그동안 책의 서명을 문자 이름인 훈민정음과 똑같이 『훈민정음』이라고 부르거나, 또 해례가 붙어 있고 『훈민정음(언해본)』과 구분하기 위해서 '훈민정음 해례본' 또는 '훈민정음 원본' 등으로 명명해 왔다. 국보 제70호로 지정되어 있는 『훈민정음(해례본)』은 국보 제71호로 지정되어 있는 『동국정운』권1, 6과 함께 경상북도 안동시 와룡면 주촌의 이한걸(李漢杰)씨 댁에 전래되던 것이다. 1940년에 발견될 당시 원 표지와 첫 두 장이 떨어져 나가고 없었는데, 그 후 보충하여 끼워 넣는 과정에서 실수가 있었다. 세종 서문의 마지막 글자 '이(耳)'가 '의(矣)'로 잘못 씌어지고, 구두점과 권성이 잘못되었거나 빠진 것도 있다. 이 책에는 구점(句點) 右圈點과, 두점(讀點) 中圈點) 및 파음자(破音字)의 성조를 표시하는 권성(圈聲)도 정확하게 표시되어 있다. 구두점과 권성을 다 표시한 것은 『성리대전』(1415년)의 체재와도 일치한다. 최근에 이 책 외에 다른 『훈민정음(해례본)』 한 책이 경북 상주에서 발견된 바 있다.
조선왕조실록 (1997)	조선왕조실록은 조선왕조를 창건한 태조로부터 철종까지 25대 472년간(1392~1863)의 역사를 연월일 순서에 따라 편년체로 기록한 책으로, 총 1,893권 888책으로 된 역사서이다. 이것은 조선시대의 정치 · 외교 · 군사 · 제도 · 법률 · 경제 · 산업 · 교통 · 통신 · 사회 · 풍속 · 미술 · 공예 · 종교 등 각 방면의 역사적 사실을 망라하고 있어 세계적으로 그 유례가 없는 기록물이다. 또한 그 역사 기술에 있어 매우 진실성과 신빙성이 높다는 점에서 의의가 된다. 세계적 기록유산으로서의 가치는 첫째, 조선왕조 25대 군주. 472년간의 역사를 수록한 것이기에 한 왕조의 역사적 기록으로 세계적으로도 드문 사례이다. 세계적으로 알려진 중국의 『대청역조실록(大淸歷朝實錄)』도 296년간에 불과한 실록이다. 둘째, 풍부한 내용을 담은 세계적인 역사서이다. 조선시대의 정치 · 외교 · 사회 · 경제 · 학예 · 종교 생활로부터 천문 · 지리 · 음악 · 과학적 사실이나 자연재해나 천문현상과 동북아시아의 외교적 관계가 수록되어 있는 종합사서이자, 국왕에서 서민에 이르기까지의 생활기록이 담겨 있는 민족문화서이다. 셋째, 역사기술에 있어 매우 진실성과 신빙성이 높은 역사 기록물이고, 넷째 활자로 인쇄 간행되어 한국 인쇄문화의 전통과 높은 문화수준을 보여주는 역사서이다. 다섯째, 조선말기까지 실록이 완전하게 보존된 것도 세계적으로 유례를 보기 힘든 일이다. 일곱째, 일본 · 중국 · 몽고 등 동아시아 제국의 역사와 관계사 연구에도 귀중한 기본자료이다.
직지심체요절 (2001)	『백운화상초록불조직지심체요절』(이하 직지 함)은 백운화상이 75세였던 고려 공민왕 21년(1372)에 선도(禪徒)들에게 선도(禪道)와 선관(禪觀)의 안목을 자각(自覺)케 하고, 선풍을 전등(傳燈)하여 법맥을 계승케 하고자 저술한 것이다. 그 제자 석찬과 달담이 비구니 묘덕의 시주를 받아 청주 흥덕사에서 1377년 7월에 금속활자로 인쇄하였다. 『직지』은 『경덕전등록』, 『선문염송집』 등의 사전부(史傳部)의 여러 불서를 섭렵하고, 역대 여러 불조사(佛祖師)의 게(偈) · 송(頌) · 찬(讚) · 가(歌) · 명(銘) · 서(書) · 법어(法語) · 문답(問答) 중에서 선(禪)의 요체를 깨닫는데 필요한 것만을 초록하여 찬술한 것이 주된 내용이다. 금속활자는 인쇄술을 보다 편리하고 경제적이며 교정을 쉽게 해 주었고, 이것은 책의 신속한 생산에 공헌하였다. 또한 활자 인쇄술에 적합한 먹, 즉 기름먹을 발명하는 계기가 되었다. 한국이 혁신한 실용적인 활판 인쇄술은 동양 인쇄사에 지대한 영향을 끼쳤고, 유럽 등지로 전파된 것으로 보인다.

명칭 (등재시기)	내용
승정원일기 (2001)	『승정원일기』는 조선왕조 최대의 기밀 기록인 동시에 사료적 가치에 있어서 『조선왕조실록』, 『일성록』, 『비변사등록』과 같이 한국의 역사와 문화를 세계에 자랑할 만한 자료이다. 『조선왕조실록』을 편찬할 때 기본자료로 이용하였기 때문에 실록보다 오히려 가치 있는 자료로 평가되고 있음은 물론, 원본 1부밖에 없는 귀중한 자료이다. 1994년에 국보로 지정되었다. 내용은 국정 전반에 걸친 광범위한 사실의 기록으로 계품(啓稟)·전지(傳旨)·청패(請牌)·청추(請推)·정사(政事)·상소(上疏)·선유(宣諭)·전교(傳敎) 등에 관한 것이다. 이 책의 기재 방식은 한 달을 기준으로 책머리에 월간 경연 상황, 내전(內殿)의 동향을 기록하고, 다음으로 승정원의 관리 및 당직자의 표시와 출근 실태를 표시하고, 마지막으로 승정원의 업무현황, 왕 및 내전의 문안, 승정원의 인사관계 등을 실었다.
조선왕조의궤 (2007)	의궤는 조선왕조에서 유교적 원리에 입각한 국가 의례를 중심으로 국가의 중요 행사들을 행사 진행 시점에서 당시 정해진 격식에 따라 정리하여 작성한 기록물이다. 같은 유교문화군에 속하는 중국·일본·베트남 등에서는 의궤의 체계적인 편찬이 아직 확인되지 않고 있다. 의궤는 조선시대 500여년(1392~1910)에 걸쳐 왕실의 주요 행사, 즉 결혼식·장례식·연회·사신영접 등만 아니라, 건축물·왕릉의 조성과 왕실문화활동 등에 대한 기록이 그림으로 남아져 있어 500여 년의 생활상을 시각적으로 이해할 수 있는 귀중한 자료로 희소성을 가지고 있다. 총 3,895여 권의 방대한 분량에 이르는 의궤는 왕실의 주요한 의식이 시기별, 주제별로 정리되어 있어서 조선왕조 의식의 변화뿐 아니라 동아시아 지역의 문화를 비교연구, 이해하는 풍부한 내용을 담고 있다. 특히 반차도·도설 등 행사의 묘사는 오늘날의 영상자료처럼 당시의 모습을 입체적으로 생동감 있게 보여준다. 예컨대 정조의 능행도(陵幸圖)는 전 여정을 15.4m에 걸쳐 표현하고 있다. 이런 형태(시각중심 visual-oriented)의 기록유산은 뛰어난 미술 장인과 사관의 공동작업을 통해서만 만들어질 수 있다는 점에서 독특한 성격을 지니고 있다. 의궤는 장기간에 걸쳐 조선왕조의 주요 의식을 방대한 양의 그림과 글로 체계적으로 담고 있으며, 이러한 유형은 전 세계적으로 유례를 찾아볼 수 없다는 점에서도 매우 뛰어난 기록유산의 가치를 지니고 있다. 2007년 6월 제8차 유네스코 기록유산 국제자문위원회(6.13~15, 남아공 프레토리아)에서 세계기록유산으로 등재되었다.
해인사 대장경판및 제경판 (2007)	고려대장경판(팔만대장경)은 한국이 13세기에 일구어낸 위대한 문화적 업적으로 평가된다. 총 81,258개 목판에 새긴 대장경판은 아시아 전역에서는 유일하게 완벽한 형태로 현존하는 판본자료이다. 그 외 1098년부터 1958년까지 불교 경전과 불교 역사, 불교 계율, 불교 연구논문, 고승의 문집, 계율판, 불교 판화 등 5,987판이 있다. 고려대장경은 당시까지 동아시아 지역에 존재하던 모든 불교 경전의 내용을 집대성한 가장 방대한 문헌으로 동아시아 지역 당대 최고의 경전이라 할 수 있다. 송나라 대장경을 비롯하여 중국 및 일본에서 제작된 경전과 비교해 볼 때 학술적 내용 및 품질 관리에 투입된 노력은 오늘날과 비교해도 놀라운 수준이다.
동의보감 (2009)	『동의보감』은 선조 30년(1597) 허준(1539~1615)이 선조의 명으로 중국과 한국의 의학서적을 모아 편집에 착수하여 광해군 2년(1610)에 완성하고, 광해군 5년(1613)에 간행한 백과사전식 의학 서적이다. 총 25권 25책으로 내의원에서 나무활자로 간행하였다. 『동의보감』은 총 23편으로 내과학인 「내경편」, 「외형편」 4편, 유행병·곽란·부인병·소아병 관계의 「자편」 11편, 「탕액편」 3편, 「침구편」 1편, 목록 2편으로 되어 있는데, 각 병마다 처방을 풀이하여 체계가 정연하다. 조선의 실정에 맞는 의서라 하여 『동의보감』이라 하였으며, 훈련도감자본으로 발행되었다. 이 책은 중국과 일본에도 소개되었고, 현재까지 우리나라 최고의 한방의서로 인정받고 있다.

명칭 (등재시기)	내용
일성록(2011)	『일성록』은 1760년(영조 36)에서 1910년(융희 4)까지 151년 동안의 국정 운영 내용을 매일매일 일기체로 정리한 국왕의 일기이다. 임금의 입장에서 펴낸 일기의 형식을 갖추고 있으나 실제로는 정부의 공식적인 기록물이다. 필사본으로 한 질만 편찬된 유일본이며, 총 2,329책으로 구성되어 있는데, 모두 전하고 있으나 21개월분이 빠져있다. 이 책은 18~20세기 동·서양의 정치적·문화적 교류의 구체적 실상과 세계사의 보편적 흐름을 담고 있다는 점에서 조선이라는 한 나라의 역사 기록물을 넘어서는 세계사적 중요성과 가치를 가지고 있다는 점을 인정받아 2011년 5월 유네스코 세계기록유산으로 등재되었다.
5·18민주화운동 기록물(2011)	5.18민주화운동 관련 기록물은 1980년 5월 18~27일까지 대한민국 광주를 중심으로 전개된 민주화를 요구하는 시민들의 일련의 활동과 이후에 이 사건의 책임자 처벌, 피해자 보상과 관련하여 기록되고 생산된 문건·사진·영상 등의 자료를 총칭한다. 주요 소장처는 국가기록원·육군본부·국회도서관·5.18기념재단 등이 있다. 5.18민주화운동은 한국의 민주화에 큰 전기가 되었으며, 1980년대 이후 동아시아 국가들의 냉전 체제를 해체하고 민주화를 이루는데 적지 않은 영향을 끼친 것으로 평가되었고, 그런 세계사적 중요성을 인정받아 2011년 5월 유네스코 세계기록유산으로 등재 되었다.
난중일기(2013)	『난중일기』는 이순신이 1592년 1월 1일부터 1598년 11월 17일까지 7년간의 군중 생활을 직접 기록한 친필일기이다. 원래 임진일기(1592년)·계사일기(1593년)·갑오일기(1594년)·을미일기(1595년)·병신일기(1596년)·정유일기(1597년)·속정유일기(1597년)·무술일기(1598년)로 구성되어 있었으나 현재는 1595년의 을미일기를 뺀 총 7책이 보존되어 전해오고 있다. 『난중일기』는 개인의 일기 형식의 기록이지만, 전쟁 기간 중 해군의 최고 지휘관이 직접 매일 매일의 전투 상황과 개인적 소회를 현장감 있게 다루었다는 점에서 역사적으로나 세계사적으로 유례를 찾을 수 없다. 또한 전투 상황에 대한 상세한 기록, 당시의 기후나 지형, 일반 서민의 삶에 대한 기록도 있어 과거의 자연지형 및 환경, 서민의 생활상을 연구하는 중요한 자료로도 활용되고 있다. 문장이 간결하면서도 유려하며, 현재까지도 대한민국 국민이 애송하는 시(詩)도 다수 포함되어 있어 문학사적 가치도 매우 높다.
새마을운동 기록물(2013)	새마을운동 기록물은 대한민국 정부와 국민이 1970~1979년까지 추진한 새마을운동 과정에서 생산된 대통령의 연설문과 결재문서, 행정부처의 새마을 사업 공문, 마을 단위의 사업서류, 새마을지도자들의 성공사례 원고와 편지, 시민들의 편지, 새마을교재, 관련 사진과 영상 등 약 22,000여 건의 자료를 총칭한다. 대한민국은 일본 식민지배와 한국전쟁에도 불구하고 괄목할 만한 경제성장과 민주화를 동시에 이룬 세계 유일의 국가로 아프리카 등 많은 개발도상국이 한국식 발전모델을 학습하고 있다. 이것은 UN에서도 인정한 농촌개발과 빈곤퇴치의 모범 사례인 '새마을운동'에 관한 역사적 기록물이다. 2013년 6월 유네스코 세계기록유산 국제자문위원회(6.18~21, 대한민국 광주)에서 세계기록유산으로 등재되었다.
한국의 유교책판(2015)	유교책판은 조선시대 유학자들의 저작물을 간행하기 위해 판각한 책판으로, 305개 문중·서원 등에서 기탁한 718종 64,226장이다. 현재는 한국국학진흥원에서 보존, 관리하고 있다. 유교책판은 선학과 후학이 책을 통하여 서로 소통하는 'Text Communication'의 원형으로, 국가 주도로 제작되어 종교적인 목적을 담은 한국의 기록유산인 팔만대장경과는 달리 유교책판은 국가가 아닌 각 지역의 지식인 집단들이 시대를 달리하여 만든 것이다. 수록 내용은 문학을 비롯하여 정치·경제·사회·대인관계 등 다양한 분야를 다루고 있는데, 모든 분야의 내용은 궁극적으로 유교의 인륜공동체를 실현하기 위한 공통성을 지니고 있다.
KBS특별방송 '이산가족을 찾습니다' 기록물(2015)	〈KBS특별생방송 이산가족을 찾습니다〉 기록물은 KBS가 1983년 6월 30일 밤 10시 15분부터 11월 14일 새벽 4시까지 방송기간 138일, 방송시간 453시간 45분 동안 생방송한 비디오 녹화 원본 테이프 463개, 담당 프로듀서 업무수첩, 이산가족이 직접 작성한 신청서, 일일 방송 진행표, 큐시트, 기념음반, 사진 등 20,522건의 기록물을 총칭한다. KBS는 1TV를 통해 〈KBS특별생방송 이산가족을 찾습니다〉를 생방송하였으며, 이를 전량 녹화하였다. 이것은 사실 그대로를 고증하는 1차 자료이자 원본이며, 생산된 이래 KBS아카이브에서 계속 보존되어 왔다. 중앙정부 및 지방 자치단체가 생산한 기록물은 대부분 국가기록원에 보존되어 있다.

236

명칭 (등재시기)	내용
조선왕실 어보 와 어책(2017)	유네스코 세계기록유산 등재 신청 대상은 금·은·옥에 아름다운 명칭을 새긴 어보, 오색 비단에 책임을 다할 것을 훈계하고 깨우쳐 주는 글을 쓴 교명, 옥·대나무에 책봉하거나 아름다운 명칭을 수여하는 글을 새긴 옥책·죽책, 금동판에 책봉하는 내용을 새긴 금책 등이다. 이런 책보(册寶)는 조선 건국 초부터 근대까지 570여 년 동안(1392~1966) 지속적으로 제작되고 봉헌되었다. 이처럼 장기간에 걸쳐 지속적으로 책보를 제작하여 봉헌한 사례는 한국이 유일무이하다. 왕조의 영원한 지속성을 상징하는 어보와 그것을 주석(註釋)한 어책은 현재의 왕에게는 정통성, 사후에는 권위를 보장하는 신성성을 부여함으로서 성물(聖物)로 숭배되었다. 책보는 왕실의 정치적 안정성을 확립하는데 크게 기여하였다. 이것은 인류문화사에서 매우 독특한(unique) 문화양상을 표출하였다는 점에서 그 가치가 높은 기록문화유산이다.
국채보상운동 기록물(2017)	국채보상운동 기록물은 국가가 진 빚을 국민이 갚기 위해 1907년부터 1910년까지 일어난 국채보상운동의 전 과정을 보여주는 기록물이다. 이것은 국가적 위기에 자발적으로 대응하는 시민적 '책임'의 진면목을 보여주는 역사적 기록물이다. 뿐만 아니라 라틴아메리카·동아시아·유럽 등의 외환 위기에서 보듯 세계 경제가 직면하고 있는 누적적 부채 위기를 극복하는데 있어 국민적 연대와 책임의식에 기초한 경제모델로 주목받고 있다.
조선통신사 기 록물(2017)	조선통신사 기록물은 1607~1811년까지 일본 에도막부의 초청으로 12회에 걸쳐 조선국에서 일본국으로 파견되었던 외교사절단에 관한 자료를 총칭하는 것이다. 이 자료는 역사적인 경위로 인해 한국과 일본에 소재하고 있다. 조선통신사는 16세기 말 임진왜란 이후 단절된 국교를 회복하고, 양국의 평화적인 관계 구축 및 유지에 크게 공헌했다. 이 기록은 외교기록·여정기록·문화교류의 기록으로 구성된 종합자산이며, 조선통신사의 왕래로 두 나라의 국민은 증오와 오해를 풀고 상호이해를 넓혀, 외교뿐만 아니라 학술·예술·산업·문화 등의 다양한 분야에서 활발한 교류의 성과를 낼 수 있었다. 이 기록에는 비참한 전쟁을 경험한 양국이 평화로운 시대를 구축하고 유지해 가는 방법과 지혜가 응축되어 있으며, '성신교린(誠信交隣)'을 공통의 교류 이념으로 대등한 입장에서 상대를 존중하는 이민족간의 교류가 구현되어 있다. 그 결과, 양국은 물론 동아시아지역에도 정치적 안정이 이루어졌고, 안정적인 교역루트도 장기간 확보할 수 있었다. 이 기록은 양국의 역사적 경험으로 증명된 평화적·지적 유산으로, 항구적인 평화공존 관계와 다른 문화 존중을 지향해야 할 인류 공통의 과제를 해결하는데 현저하고 보편적인 가치를 가진다.
4·19혁명 기 록물(2023)	4·19혁명 기록물은 1960년 4월 19일 한국에서 학생이 중심이 되어 일어난 시민혁명 관련 자료를 말한다. 1960년 2·28 대구 학생시위부터 3·15 부정선거에 항의하여 독재정권을 무너뜨린 4·19혁명까지의 전후 과정과 관련된 일체의 기록이다. 이 기록물은 민주주의가 불가능할 것이라는 역사적 조건에서 10살 안팎의 아이부터 70대 노인에 이르기까지 자발적으로 독재에 맞서 비폭력으로 민주주의를 이룩한 제3세계에서 최초로 성공한 비폭력 시민혁명인 동시에 유럽의 1968년 혁명, 미국의 반전운동, 일본의 안보투쟁 등 1960년대 세계 학생운동에 영향을 미친 기록유산으로서 세계사적 중요성을 인정받았다.
동학농민혁명 기록물(2023)	동학농민혁명 기록물은 1894~5년 조선에서 발발한 동학농민혁명과 관련된 기록물이다. 동학농민혁명은 부패한 지도층과 외세의 침략에 저항하며, 평등하고 공정한 사회를 건설하기 위해 민중이 봉기한 사건이다. 이 기록물에는 동학농민군이 작성한 문서, 정부 보고서, 개인 일기와 문집, 각종 임명장 등이 포함된다. 이것을 통해 다양한 관점에서 농민운동의 진행 과정과 그 의미를 찾아볼 수 있다. 특히 시간과 장소를 초월하여 인간의 권리와 평등, 식민주의에 대한 반대 등을 다양한 시각에서 종합적으로 보여주는 기록물로서 희귀성이 있다. 유네스코 세계기록유산 등재를 통해 '동학농민혁명 기록물'은 조선 민중들이 주체가 되어 자유·평등·인권의 보편적 가치를 지향했던 기억의 저장소로서 세계사적 중요성을 인정받았다.